M. LE COMTE DE MONTALEMBERT

SA VIE ET SES ŒUVRES

CHARLES · COMTE DE
MONTALEMBERT
Dantzell

M. LE COMTE

DE

MONTALEMBERT

SA VIE ET SES ŒUVRES

È un vero campione.
S. S. PIE IX.

UN FRANC

LYON

A L'ADMINISTRATION DU CONCILE ILLUSTRÉ

10, RUE D'ALGÉRIE, 10

PARIS

F. BOUQUEREL, LIBRAIRE-ÉDITEUR

31, RUE CASSETTE, 31

1870

M. DE MONTALEMBERT

SA VIE ET SES OEUVRES

I.

Le lundi 14 mars 1870, le journal l'*Univers* paraissait encadré de noir et en tête de ses colonnes publiait ces quelques lignes émues :

« Nous avons à apprendre à nos lecteurs la douloureuse nouvelle de la mort de M. DE MONTALEMBERT. Ils devineront notre douleur, notre stupeur et nos larmes, et ne s'étonneront pas si les paroles manquent à nos sentiments.

« Cet événement, si cruel pour les catholiques, a été annoncé à la Congrégation des pères de famille réunie dans une des chapelles de la rue de Sèvres. M. de Mérode y assistait à la messe, à côté de nous. On est venu le chercher avant la fin de la cérémonie; nous ne nous sommes point douté de la terrible cause pour laquelle il était appelé. Aussi, lorsqu'après la bénédiction le R. P. Olivaint a annoncé qu'il venait de recevoir la nouvelle de la mort de M. de Montalembert, comme un cri à peine retenu par la présence du Saint-Sacrement est sorti de toutes les poitrines. Bien des têtes se sont inclinées ensuite et des larmes ont coulé. Le Révérend Père a eu de la peine à réciter le *De profundis*. L'émotion de tous était indicible. Cette mort prévue et imminente depuis si longtemps a paru un coup subit et terrible.

« M. de Montalembert a été de tous les laïques de ce temps celui qui a rendu à l'Eglise les services les plus grands et les plus dévoués. Aucun de nos lecteurs ne l'oubliera; et tous recommanderont de toutes leurs forces, au tribunal de la miséricorde de Dieu, l'âme de ce vaillant champion de l'Eglise, qui a rendu tant de services à sa cause.

« *Parce Domine, parce populo tuo.* »

Le même jour, devant un auditoire bien autrement nombreux, à la Conférence de Notre-Dame, le P. Félix avait à recommander la cause des émigrés polonais à la charité de son auditoire. Après avoir rappelé les souffrances de la Pologne, les persécutions que supportait sa foi, et le besoin qu'elle avait de la double aumône que peuvent faire les chrétiens, le prédicateur, en proie à une vive émotion, ajouta tout-à-coup que la Pologne venait de perdre un de ses plus grands défenseurs !

« J'ai le regret, dit-il, de venir jeter une si grande tristesse dans vos âmes, mais je crois qu'il est de mon devoir de vous apporter ici cette douloureuse nouvelle, moi qui fais partie de cette Compagnie de Jésus qu'il appelait sa cliente ! Je viens d'apprendre que ce matin, est mort M. le comte dé Montalembert !..... »

Ces simples paroles retentirent comme un coup de foudre. La même émotion qui s'était produite une heure ou deux auparavant dans la petite assemblée de la rue de Sèvres, se manifesta dans l'immense assistance : le même frémissement, le même cri soulevé dans toutes les poitrines, à peine retenu par la majesté du lieu saint, le même recours instantané de tous les cœurs à la miséricorde de Dieu dans la prière et dans les larmes. Le prédicateur lui-même avait peine à se contenir : ce n'est qu'après un moment de silence qu'il put continuer :

« L'Eglise, s'écria-t-il, n'est pas ingrate : elle se souviendra de lui, elle qu'il a si vaillamment défendue, elle qu'il appelait sa Mère ! Tous les catholiques ressentiront la perte qu'ils viennent de faire dans la personne de ce grand homme, et vous, Messieurs, vous n'oublierez pas de prier pour le soulagement de cette âme maintenant en présence de Notre-Seigneur Jésus-Christ. »

Et le même jour encore, à mesure que la fatale nouvelle se répandait dans Paris, tous ceux qui avaient connu M. de Montalembert s'empressaient de venir rendre un dernier hommage à sa dépouille mortelle, donner un témoignage de douloureuse sympathie à ceux qu'il laisse après lui. Près de 4,000 personnes s'inscrivirent ce jour-là à l'hôtel de l'illustre mort.

C'est que ce n'était point seulement un homme célèbre que la France venait de perdre, c'était le champion d'une idée. Et de quelle idée? La plus grande de toutes, l'idée supérieure, l'idée divine !

Ce n'était point un parti, une cité, une nation, un peuple, qui venait de perdre un de ses héros; c'était le CATHOLICISME, c'est-à-dire la RELIGION UNIVERSELLE, qui pleurait l'un de ses plus brillants, de ses plus éclatants, de ses plus vigoureux défenseurs, — celui dont l'illustre PIE IX avait dit : « C'est un vrai combattant, — *e un vero campione!* »

II.

Sous le coup de cette mort, nous entreprenons aujourd'hui de raconter la vie de ce grand homme. Nous ne voulons faire ici ni polémique, ni controverse; la critique n'est point notre fait; la critique se tait devant une tombe béante. Mais il nous a paru bon qu'un catholique sincère élevât la voix pour honorer ce valeureux champion, si modeste qu'il n'a même pas voulu qu'une seule parole fût prononcée devant sa dépouille mortelle; si simple et si dédaigneux des honneurs de ce bas monde, qu'il n'était même pas... *Chevalier de la Légion d'honneur !*

Il nous a paru bon de réunir immédiatement ces souvenirs qu'il laisse, alors qu'ils ont encore toute leur triste et lamentable fraîcheur. Rien de ce que nous allons écrire ne nous appartient pour ainsi dire en propre : c'est le résumé, textuel souvent, de ce qu'ont pensé, dit, écrit sur M. de Montalembert les hommes qui ont eu l'honneur de l'approcher, de vivre dans son intimité, ceux qui l'ont vu à l'heure du combat, ses historiens, ses biographes, ses adversaires même, nous voulons dire ses adversaires honorables.

Ceci n'est ni une étude historique, ni même une biographie : à peine est-ce une *esquisse*, un *memento*, un *souvenir*, — et si notre travail a quelque valeur, il la devra tout entière aux nombreux emprunts qu'il fera tant à l'illustre défunt lui-même, qu'à ses his-, toriographes précédents, — au premier rang desquels il faut placer celui que nous enterrions il y a quelques jours à peine, — dévoué compagnon d'armes de notre grand mort, — glorieux satellite de la lumineuse planète qui vient de s'éteindre (1).

Ç'a été l'un des derniers regrets de M. de Montalembert de ne pouvoir assister aux funérailles de M. Henri de Riancey, et ce regret touchant que le mourant donnait au mort, nous remet en mémoire la phrase célèbre de Bossuet à propos de la duchesse d'Orléans, dont la mort suivit de si près celle de sa mère, la reine d'Angleterre : « .... Et vous, Messieurs, eussiez-vous pensé, pendant qu'elle versait tant de larmes en ce lieu, qu'elle dût sitôt vous y rassembler pour la pleurer elle-même ? »

N'est-ce point dans la même oraison funèbre que le grand orateur s'écrie : « Vanité des vanités! » Et ne nous convient-il pas de continuer à le citer, à nous qui pleurons à la fois deux morts illustres, alors qu'il dit, répétant le texte de l'Ecclésiaste : « *Vanitas vanitatum et omnia vanitas !* C'est la seule parole qui me reste. C'est la seule réflexion que me permette, en un accident si étrange, une si juste et si sensible douleur ! »

Ah! pour honorer la mémoire de CHARLES FORBES, COMTE DE MONTALEMBERT, que n'avons-nous l'éloquence de « l'Aigle de Meaux » célébrant celle qui fut *la grande Madame*, Henriette-Anne d'Angleterre, duchesse d'Orléans !

(1) *Vide* LES CÉLÉBRITÉS CATHOLIQUES CONTEMPORAINES, un volume.
— Palmé, éditeur.

— 5 —

III.

Ceux de nos lecteurs déjà un peu avancés dans la vie, se rappellent avec horreur les saturnales anti-religieuses qui marquèrent la première année du règne de Louis-Philippe. Ils ont encore présents au souvenir cette funeste année 1831 et ces affreux récits qu'on croirait empruntés à un autre âge : l'église Saint-Germain-l'Auxerrois envahie, la chaire brisée, les confessionnaux mis en pièces, les Saints renversés de leurs piédestaux, les tableaux pieux déchirés, les ornements sacrés foulés aux pieds, l'autel abattu par une horde en furie. Ils voient (des faits pareils ne sortent jamais de la mémoire), l'autorité d'alors si ardente à protéger *la boutique,* laissant libre et abandonnée, sans défenseur, sans soutien, la route du temple. Ils revoient à quarante ans de distance ces honteuses orgies, ces hommes (étaient-ce des hommes ?) dansant en habits sacerdotaux, ces vandales bouffons se couvrant, avec des ricanements dignes de l'enfer, des plus opulentes dépouilles de l'Eglise.

Et le lendemain de cette fatale journée du 14 février 1831, que nous venons de retracer, ce n'était plus à une simple église, c'était à la cathédrale même de Paris, que s'attaquaient ces hordes sauvages. L'archevêché eût été mis à sac, sans le courage de quelques citoyens. Notre-Dame allait être pillée : l'arme au bras, le gouvernement de la bourgeoisie laissait faire ; cela ne semblait ni le regarder, ni l'atteindre. Partout les croix étaient abattues ; on eût dit qu'une révolution terrible, dont on voyait s'amonceler au loin les nuages sanglants, fût sur le point de recommencer 93.... A l'Eglise ainsi menacée, ainsi désertée de ceux-là même qui, détenteurs du pouvoir, avaient tout intérêt à la défendre, Dieu qui n'abandonne jamais les siens, suscita trois défenseurs : l'un était le grand abbé Lacordaire, ce héros de la parole et dont la parole, hélas! est aujourd'hui éteinte, l'autre ce trop illustre Lamennais,

Qui depuis.... Rome alors estimait ses vertus!

Le troisième, enfin s'appelait le vicomte Charles de Montalembert. C'était le fils des anciens preux. Il avait à peine vingt-et-un ans.

Il importe que nous racontions, pour servir d'exemple et de modèle, même dans des limites modestes, à tant de jeunes gens qui de nos jours portent un nom illustre dont ils ne savent que faire, les premiers débuts dans la carrière de ce jeune homme qui devait être si grand. Le génie n'est donné qu'à quelques élus, mais l'accomplissement du devoir est chose facile à tous, et nul, quelque nom qu'il porte, n'a le droit de s'y dérober. Qu'il nous soit permis de le dire, à nous qui ne sommes qu'écrivain modeste, si le respect des grandes familles et des races illustres s'en va si malheureusement, la faute en est pour beaucoup à ces jeunes écervelés qui n'ont pas craint de traîner leurs noms dans de boueux sentiers, qui ont fait consister leur gloire à se faire maquignons ou pire encore, — qui ne se sont point assez rappelé le vieux proverbe: *Noblesse oblige !*

IV.

En ces temps-là, à peine sorti des langes de l'Université (tristes langes !) un jeune adolescent ébauchait ses premiers pas dans la vie. Il avait nom, nous l'avons dit, Charles Forbes (il portait le nom de sa mère, suivant en cela l'usage de l'aristocratie anglaise) Vicomte de Montalembert. Il était né à Londres le 29 mai 1810. Son père était Marc-René-Aimé-Marie comte de Montalembert, qui en 1792 avait émigré encore enfant, et avait épousé miss Elisa Forbes, issue d'une antique famille d'Ecosse, et dont le père avait fait aux Indes orientales une immense fortune.

La famille des Montalembert est d'une noblesse très-ancienne; au seizième siècle, François Ier disait : « Nous sommes quatre gentilshommes de Guyenne, qui combattons en lice contre tous allants et venants de France : moi, Sansac, La Châtaigneraye et Montalembert. » Un de ses membres, nous dit une biographie, André de Montalembert, Seigneur d'Essé, se distingua dans les guerres d'Italie, sous Louis XII et sous François Ier.

La maison Montalembert,

D'Essé, de Vaux et de Cers,

Mi-partie angomoisine

Et mi-partie poitevine,

Vaillamment a combattu

Es champ d'honneur et vertu.

Ainsi rimait, en 1632, un notaire de Bordeaux. Cent quarante ans plus tard, le célèbre généalogiste Chérin écrivait qu'il n'était point de maison dans le royaume dont les preuves de noblesse fussent plus authentiques. Le grand-père de Charles, mort à Paris, en 1800, fut le Vauban de son époque. Il a laissé des livres fort estimés sur l'art des fortifications. Il fit partie de l'académie des sciences. Il a laissé aussi des poésies légères, des contes, des opéras-comiques.

Marc-René-Aimé-Marie de Montalembert prit du service dans l'armée anglaise, et ne revint en France qu'à la rentrée des rois légitimes. Sa Majesté Louis XVIII le nomma colonel, pair de France et ministre à Stuttgard. Charles X en fit un ambassadeur à Stockholm.

Ainsi, les Montalembert appartiennent à ce petit groupe de la noblesse française qui ne se confinait pas dans ses priviléges. Soldats, savants, hommes d'Etat, orateurs et écrivains, ils cherchaient à justifier leur devise et suivaient l'exemple de l'aristocratie anglaise, active, intelligente, tolérante, tendant à dominer dans l'Etat par un vif sentiment des intérêts du pays.

Nous avons parlé de leur devise : *N'espoir, ne peur*, telle est-elle. Une croix noire sur un écu d'argent. Cela va bien, n'est-ce pas, à celui qui sera le Chevalier du Calvaire?

Et la devise même, combien elle est significative ! « A première vue, dit M. H. de Riancey, je n'aimais point cette devise. *Point de peur*, oui, cela est bien, cela est juste, mais pourquoi *point d'espérance*? Le soldat n'en manque pas, c'est sa force; le chrétien moins encore, c'est sa vertu... Plus tard, j'ai compris : il ne s'agit ici que des espérances et des alarmes humaines. Nulle crainte d'âme qui vive ; nul espoir de dignités, d'honneur, de fortune, de puissance. Tout pour Dieu, rien pour les hommes ! Ainsi, je conçois cette légende, — et je me plais à dire que la vie entière de M. de Montalembert s'y est conformée. »

Né, on l'a vu, en Angleterre, il fut élevé successivement en Allemagne et en Suède où son père était alors ambassadeur. A ces pays du Nord où s'écoula son enfance, il emprunta leurs qualités précieuses : le goût de l'érudition, des recherches sans nombre et sans fin, et cet amour d'approfondir toutes choses, qui est l'apanage des races saxonne et germanique.

Ce fut au collége Henri IV qu'il compléta son éducation. Il avait pour condisciples et le duc d'Harcourt, et le marquis de Talhouët, et le duc de Caraman, et le duc de Guiche. Désiré Nisard, le général Fleury et le comte de Nieuwerkerke s'assirent sur les mêmes bancs que lui. Il acheva sa philosophie en 1828, à Ste-Barbe-Nicole, et au concours général, remporta le premier prix de dissertation française.

Son séjour à Henri IV avait, sans qu'il s'en doutât, décidé de tout l'avenir du jeune Charles. Là, en effet, il avait conquis une amitié précieuse, celle d'un aumônier qui, lui aussi, entré à peine dans la vie, en avait fait la rude expérience. Celui-là, malgré les promesses du plus brillant avenir, avait troqué la robe d'avocat contre celle de prêtre : il se nommait Henri Lacordaire, et l'amitié qui unit alors ces deux jeunes gens ne devait s'éteindre qu'avec la vie. C'est, il ne faut pas se le dissimuler, dans les entretiens que le lycéen eut avec l'abbé, qu'il puisa cet amour profond de l'Eglise qui a été l'axe unique autour duquel a tourné la vie de M. de Montalembert. Pas un jour, pas une heure, il n'a cessé de servir cette sainte cause ; pas un des battements de son cœur qui ne fût pour elle. Et elle le lui rendait bien, l'Eglise ; malgré de passagères et nécessaires rigueurs, elle a toujours eu pour lui la plus constante, la plus maternelle affection. C'est à juste titre qu'il a été appelé son *enfant gâté*.

« Ce ne fut pas, fait remarquer M. de Riancey, une amitié d'enfance que celle que M. de Montalembert voua au P. Lacordaire ; elle
datait de la jeunesse, de cette époque de la vie où la fleur de l'âme
s'épanouit avec conscience d'elle-même, où l'on se consacre aux
grands devoirs, aux grands enchantements, aux grandes passions de
la foi, de l'abnégation, de la liberté. » Nous aurons occasion de
revenir plusieurs fois dans le cours de ce récit, sur la sainte union
de ces deux âmes.

C'est en 1829-30 que M. de Montalembert prend la plume pour la
première fois ; après un travail purement artistique, il ébauche la
vie de *la chère sainte Elisabeth* qu'il n'achèvera que plus tard ; car
déjà il ressent en lui d'autres ardeurs : il a soif de la lutte et des
combats.

Le tonnerre de juillet 1830 venait d'éclater ; en face de cette
révolution qui ne respectait rien de ce qui était sacré, de nouveaux
devoirs s'étaient révélés à l'âme de l'abbé Lacordaire. Près d'accom-
pagner un évêque missionnaire en Amérique, il rebrousse chemin.
Ce sont d'autres orages que ceux d'une mer en furie qu'il veut
affronter désormais, et son compagnon, son *alter ego*, son second
dans la lutte, ce sera le collégien d'hier, devenu homme soudain au
spectacle de tant de dévastations et de tant de ruines.

Le 18 octobre, quelques mois après les barricades, le journal
l'*Avenir* est fondé. Il a pour principaux rédacteurs et nos deux amis,
et l'abbé Félicité de Lamennais, ce grand génie qui, au lieu d'être la
lumière de son siècle, n'en fut malheureusement que le scandale.
Dieu et Liberté, telle était la devise de l'*Avenir*.

Au nom de la charte, la nouvelle école réclamait la liberté d'enseignement, la liberté de conscience, la liberté d'association. Heu-
reuse si elle eût su s'arrêter à temps ! Mais, nous dit une biographie
de M. de Lamennais « il était alors dans tout l'éclat de sa redoutable
puissance. L'orgueil de Satan l'avait déjà touché, bien que la
blessure ne fût visible encore qu'à l'œil vigilant des anciens du
sanctuaire. Il se persuadait que, pour amener la révolution, l'Eglise
n'avait qu'à prendre les armes des révolutionnaires ; au lieu de s'ar-

rêter à revendiquer la liberté, il alla jusqu'à vouloir introniser dogmatiquement la licence. »

Cette école, cependant, à côté de fautes déplorables, fit des actes magnifiques, et tout Paris applaudit le jour où les rédacteurs de l'*Avenir*, accusés de provocation à la désobéissance aux lois et d'excitation au mépris et à la haine du gouvernement de juillet, et pour ce fait traînés en cour d'assises, furent acquittés par le jury.

Tout Paris applaudit encore, lors de l'énergique ouverture de cette école libre de la rue des Beaux-Arts, dont les maîtres s'appelaient Lacordaire, le vicomte de Montalembert et M. de Caux. C'était le 9 mai 1831: un vaste local avait été loué rue des Beaux-Arts, n° 3, et le Préfet de la Seine avait reçu notification de l'ouverture d'une école libre et gratuite d'externes sans l'autorisation de l'Université.

Le matin du 9, un commissaire de police se présente et demande à parler à M. de Montalembert.

— Vous avez, dit-il, sans l'autorisation du gouvernement, ouvert un cours où vous prétendez propager vos idées. Au nom de la loi, je déclare votre école fermée. J'ordonne aux enfants ici présents de rentrer dans leurs familles.

— Au nom de vos parents, qui vous ont confiés à notre garde, répond Montalembert, s'adressant aux enfants, je vous ordonne de rester ici.

Le commissaire de police sortit pour aller quérir du renfort, et revint quelques instants après, accompagné d'une centaine de sergents de ville.

On prit les enfants qu'on reconduisit, chacun dans un fiacre, au domicile paternel.

L'école fermée, les trois auteurs de cette noble tentative furent cités en police correctionnelle. Ils avaient espéré que l'affaire serait portée devant la cour d'assises et qu'un verdict d'acquittement du jury leur donnerait une force nouvelle pour la résistance. C'est dans ce sens que fut rédigée par M. Léon Cornudet, avocat et ancien ami de Charles, une consultation sur la liberté d'enseignement, signée par les principaux membres de l'ordre. Cette consultation fit

le tour des barreaux de France ; elle fut approuvée partout. Elle de-
clinait la compétence du tribunal correctionnel, et l'exception fut
admise ; mais la cour d'appel retint l'affaire, la renvoyant au 28 mai
pour être plaidée au fond.

Sur ces entrefaites, vint à mourir le comte de Montalembert, malade depuis longtemps déjà. Héritier de son titre de pair de France,
son fils Charles n'était plus justiciable que du Luxembourg, où devaient le suivre ses coaccusés.

Quatre mois après (ce délai fut laissé au deuil du nouveau pair),
la Chambre haute était rassemblée pour connaître du délit à lui im-
puté. Ce fut un grand jour pour les trois amis qui, peu soucieux
d'une condamnation, voyaient surtout, dans la grande publicité
de ces débats, un immense moyen de propagande pour leur doctrine ;
un grand jour aussi pour la religion qui, à la barre de la haute
chambre, allait voir se révéler deux de ses plus brillants soutiens.

— Votre nom, dit le président au premier accusé.

— Charles, comte de Montalembert, pair de France.

— Votre âge ?

— Vingt-et-un ans.

— Votre profession ?

— Maître d'école.

C'était un coup de tonnerre pour la haute assemblée que cette profession de foi si fière dans son humilité apparente. Elle allait entendre bien d'autres paroles.

— « La seule pensée de l'infaillibilité du Pape, s'écria le comte,
vous fait lever les épaules de pitié, et vous nous avez dotés de l'infaillibilité du Conseil royal de l'instruction publique ! Quand les
hommes passent si vite et les institutions plus vite encore que les
hommes, c'est dans cette enceinte qui a vu naître et mourir tant
de pouvoirs, non-seulement divers, mais opposés, mais ennemis
les uns des autres, c'est ici qu'on viendra nous dire de réduire
l'éternité de nos croyances à la durée de ces fantômes éphémè-
res ? En vérité, ce serait renouveler l'horrible supplice des anciens ;

ce serait attacher la vie de nos cœurs, une vie éternelle, à un cadavre ! »

A la suite d'un merveilleux discours dont nous ne donnons que ce simple extrait, l'abbé Lacordaire, se faisant accusateur, d'accusé qu'il était, prit à partie le procureur-général lui-même. Jamais, au dire des témoins de cette scène, l'éloquence ne s'était élevée aussi haut.

Les nobles pairs condamnèrent MM. de Montalembert, Lacordaire et de Caux à 100 francs d'amende. L'école ne pouvait naturellement se rouvrir ; une autre tribune leur restait : le journal. Mais l'*Avenir* ne sut pas s'arrêter. « L'orgueil de M. Lamennais, dit encore M. de Riancey, le jeta hors de toutes les bornes, et Rome, mère affligée, mais encore plus vigilante, dut frapper. Henri Lacordaire était de ce voyage où le comte de Montalembert avait accompagné M. de Lamennais. La lumière se fit vite dans leurs esprits dévoués et fidèles ; mais rompre avec ce fascinateur était un effort douloureux et surhumain. « Vous ne pouvez avoir d'idée, disait plus tard le père Lacordaire, de la domination qu'exerçait M. de Lamennais ; le jour où je pris la résolution de l'abandonner, je passai plusieurs heures en prières et en larmes devant la confession de St-Pierre ; quand je me relevai, mon parti était pris, et il me semblait que je m'étais délivré de la chappe de plomb du Dante. »

A leur retour en France, les pèlerins trouvèrent une lettre encyclique de Grégoire XVI, qui, sans prononcer leurs noms, condamnait leur doctrine ; il n'y eut pas un instant d'hésitation chez M. de Montalembert. Le cœur broyé de douleur, mais humble et libre, il baissa la tête sous la main du Souverain-Pontife et accepta la condamnation. Plus grand en cela que son maître, l'abbé de Lamennais, il eut le courage de la soumission, le plus difficile peut-être de tous les courages.

Sa compassion pour les malheurs de la Pologne lui avait suggéré l'idée de traduire les *Pèlerins polonais* d'Adam Michiewicz ; le livre fut mis à l'index, et cette fois encore il s'inclina. Il fit même racheter toute l'édition : un seul exemplaire en reste à la Bibliothèque impériale, et l'on assure que, sur la prière de l'auteur lui-même, on ne l'a pas donné en lecture jusqu'à présent.

V.

M. de Montalembert se livra alors à l'étude de l'histoire du moyen-âge, il parcourut l'Allemagne en 1833-1834. Ce fut là qu'il publia le livre dont nous avons déjà parlé, l'histoire de la *chère sainte Elisabeth de Hongrie*. Elisabeth était le nom d'une sœur qu'il avait tendrement aimée et qui était morte à la fleur de l'âge. L'introduction de cet ouvrage est des plus remarquables au point de vue tant historique que scientifique, et lui donne un droit impérissable à la reconnaissance de tous les vrais amateurs de l'art chrétien.

On était en 1835, M. de Montalembert avait 26 ans ; de cette époque allait dater vraiment sa carrière politique, il avait voix délibérative à la chambre des pairs. On le trouvera dès lors mêlé à toutes les luttes de son pays.

Il était, nous dit un de ses biographes, l'enthousiasme, l'indépendance et la jeunesse de ce vieux Luxembourg, dont le marquis de Boissy était l'enfant terrible. Il est orateur des pieds jusqu'à la tête, et il ne sera pas sans intérêt pour nos lecteurs de lire ici les différents portraits qu'ont tracé de lui des écrivains d'opinions diverses.

« Un homme se lève, écrit M. Eugène Loudun, de taille moyenne, d'une physionomie placide, les cheveux longs, séparés par une raie et jetés de côté, les deux mains posées sur le velours. Quelque chose de fin dans le profil et dans le nez, un mélange de sérénité calme et de spirituelle expression lui donnent une certaine ressemblance avec un abbé de cour. Il y a des ecclésiastiques qui l'appellent en riant leur *évêque extérieur*. Il commence modestement et d'une voix peu étendue, mais claire et ferme. Il pose et divise son sujet à la façon des prédicateurs. Mais à peine a-t-il prononcé quelques phrases qu'on est pris ; on écoute, on se passionne. C'est un orateur !

2

Il s'exprime avec une élégance soutenue, naturellement, sans efforts ; il se varie, il change de ton, il s'anime, il plaisante, il raconte, il raille. C'est un causeur ! Il récite des morceaux entiers, chefs-d'œuvre de style ; il cisèle sa période, il la coupe à propos, la termine par le mot à effet. C'est un écrivain et un artiste ! Il veut vaincre, mais il veut plaire ; il sait parcourir la lice au pas, en faisant bondir son cheval, la lance haute, le regard fier, applaudi des dames... C'est un chevalier ! Il est si sûr de lui qu'il va droit au fort de la question et aborde ses adversaires en leur jetant les vérités les plus dures. Qu'on ne s'imagine pas l'affaiblir en l'interrompant, on ne fera que décupler ses forces ! car il manie le sarcasme et l'ironie comme personne au monde. Quel terrible satirique il ferait, s'il était philosophe !... »

Veut-on connaitre comment Sainte-Beuve apprécie son talent oratoire :

« Sobre de gestes, il arrive aux effets sans grands efforts, comme par suite d'un développement continu. Outre sa parfaite aisance à la tribune, il a la voix, une voix d'un courant pur et d'une longue haleine, d'un timbre net et clair, d'un accent distinct et vibrant, très-propre à marquer les intentions généreuses ou ironiques du discours. On croirait sentir dans sa voix, à travers la douceur apparente, une certaine accentuation mordante qui ne messied pas, qui fait tomber certaines paroles de plus haut et les fait porter plus loin. Jamais, sous prétexte d'avoir mis son humilité une fois pour toutes aux pieds du Saint-Siége, un jeune talent d'orateur ne s'est passé plus en sûreté de conscience ses facultés altières, piquantes et ironiques. »

Ecoutons encore M. de Riancey, peignant de son crayon magistral les traits de son illustre ami :

« Le comte de Montalembert est de taille moyenne, avec un peu de disposition à l'embonpoint. En public, il porte la tête assez haute, habituellement et légèrement inclinée sur la droite, ce qui donne à son attitude quelque chose de fier et d'ironique, sans exclure la modestie et l'aisance.

« Son front est large, ses cheveux, aujourd'hui argentés, tombent le long du visage et l'encadrent sans apprêt, non sans grâces. Ses traits réguliers, sa bouche plus grande que petite, ornée de belles dents qui se montrent dans l'exercice de la parole, son nez fin, bien dessiné, donnent à sa physionomie un type caractérisé, en lui laissant tout son jeu, toute sa mobilité, toute son émotion. L'œil est moyen, vif, limpide, et de près singulièrement expressif. Une myopie assez prononcée et qui nécessite le secours de frêles lunettes ou plus souvent d'un lorgnon, a pu parfois gêner quelque peu l'orateur ; mais, en même temps, le regard, qu'à l'aide de ce verre carré placé un instant sous ce sourcil droit, il projette sur toute une assemblée, prend je ne sais quoi de perçant et de dominateur qui est loin de nuire à l'effet ; on sent que ce regard se met en possession de l'auditoire, le fouille, le traverse, le saisit ; on sent qu'il sollicite à la fois les yeux et les âmes. Alors l'attention est conquise, le silence se fait, les amis attendent avec sympathie, les adversaires avec crainte et avec respect.

« Sans doute, ce geste n'est pas très-imposant, mais il y a là, comme dans toute la personne de M. de Montalembert, tant de distinction aristocratique unie à une simplicité si franche, que je serais tenté de comparer ce jeu de lorgnon à la fameuse prise de tabac du duc de Fitz-James, laquelle était, de l'aveu des critiques de la gauche, un des moyens de tribune les plus hautains et les plus déconcertants de ce fier gentilhomme.

« M. de Montalembert, qu'on a trop malignement appelé à ses débuts, « le plus aristocrate des démocrates et le plus démocrate des aristocrates, » a, en effet, tous les caractères des races d'élite ; le pied petit et cambré, la main blanche et délicate, les bras parfaitement attachés, la tête mobile et prompte à se relever sous l'aiguillon de l'attaque.

« Sa voix, qui n'est pas très-forte, acquiert peu à peu une vibration claire et facile à percevoir, puis elle s'anime tout en se contenant, elle s'émeut, elle grandit, elle monte et elle arrive naturellement, sans éclat et sans efforts aux notes les plus sympathiques, aux effets les plus saisissants ; dans un accord parfait avec le sentiment qui le guide, elle est tantôt serrée et incisive comme l'ironie, pleine et calme comme la démonstration, entraînante et presque mêlée de larmes comme l'enthousiasme. . . . . . »

VI.

Nous ne faisons point ici une œuvre politique , et nous ne le suivrons conséquemment dans ses luttes à la Chambre des pairs jusqu'en 1848, que pour y relever ses élans oratoires. Il avait la répartie aussi vive que piquante.

— Vous promettez un talent consciencieux, mais vous n'avez point l'expérience des choses, lui disait dédaigneusement M. de Saint-Aulaire, lors de la discussion des lois de septembre.

— Et vous, répondit le comte, vous, hommes publics, vous nous faites regretter chez vous l'absence de ces principes supérieurs, sacrés, immortels, sans lesquels il n'est point de véritable grandeur pour les individus comme pour les peuples.

Nous avons dit déjà quel goût éclairé il avait pour les arts ; on en trouve une nouvelle preuve dans son rapport sur la restauration de Notre-Dame. C'était lui qui, un peu plus tard, s'écriait en présence des prétendus embellissements de l'Eglise St-Denis : « Vous l'avez dégradée, avilie et rendue méconnaissable, moyennant la bagatelle de 7 millions ! »

A lui encore appartient cette phrase restée célèbre, dans la discussion de la liberté sur l'enseignement :

« Au milieu d'un peuple libre, nous ne voulons pas être des ilotes ; nous sommes les successeurs des martyrs, et nous ne tremblons pas devant les successeurs de Julien l'apostat ! *Nous sommes les fils des Croisés*, et nous ne reculerons pas devant les fils de Voltaire. »

Les catholiques de la ville de Lyon s'associèrent, à cette occasion, pour offrir à M. de Montalembert une médaille dont ces paroles furent l'exergue. D'un côté est représenté le profil du jeune et noble pair, et de l'autre un lion au pied de la croix, allusion au nom de la capitale catholique de la France, et à son zèle pour la défense de la Foi. — Cette médaille fait grand honneur au talent de l'artiste qui l'a gravée (M. Dantzell), et plus encore à la ville qui l'a donnée et à l'orateur qui l'a reçue.

Il est français et patriote. L'amour de la France se sent dans tous ses discours :

« Que le gouvernement représentatif, s'écrie-t-il, veille à ce que ce dépôt sacré, l'honneur du pays, que nous avons reçu de nos pères, ne devienne pas moins éclatant et moins précieux que sous la monarchie absolue, autrement la France ne sera plus la France ! La dernière goutte du sang de quatre-vingt-douze s'épuisera dans ses veines : elle se noiera dans un océan d'intérêts matériels, elle se plongera jusqu'au cœur dans la betterave et le bitume ! »

Et ce même patriotisme éclate dans ce passage si éloquent du discours qu'il prononça le 14 janvier 1848, à l'occasion des affaires de Suisse :

« Voyez-vous ces hommes armés, montant par ce défilé des Alpes que beaucoup d'entre vous ont suivi? Les voilà qui gravissent le sentier escarpé que, pendant tant de siècles, des milliers de chrétiens, étrangers, voyageurs, ont foulé pieusement et avec reconnaissance. Ils vont là où la République française s'était arrêtée avec respect, là où le premier Consul Bonaparte avait laissé avec sa gloire le souvenir de son intelligente tolérance, là où le corps de Desaix a trouvé un tombeau digne de lui. Et que vont-ils y faire, ces vainqueurs sans combat? Il faut le dire : ils vont pour voler ; oui, pour voler le patrimoine des pauvres, des voyageurs, de ces moines du Saint-Bernard, que dix siècles ont entourés de leur vénération et de leur amour ! »

A propos de ce même discours, une anecdote trouve ici sa place.

Le *National*, qui d'ordinaire le traitait fort durement, crut devoir, cette fois, lui rendre justice.

Le lendemain, un homme au visage pâle et régulier, avec de longs cheveux tombant droit, se présente à la rédaction du *National* et demande à voir le rédacteur en chef.

« — Qui êtes-vous? lui demande-t-on.

« — Je suis, répondit-il avec douceur, « un cafard insolent, à la colère mêlée de bave et d'eau bénite, » du moins ce sont les titres que me donne votre feuille. Maintenant que vous me connaissez, veuillez annoncer M. le comte de Montalembert, pair de France. »

C'est en même temps un homme d'état qui voit juste et qui voit loin :

« La question d'Orient, s'écriait-il, sera tôt ou tard le tombeau de la paix. »

Au mois d'août 1847, il apprécie ainsi le système parlementaire :

— « De nos jours, le gouvernement de la France, est une espèce de chasse effroyable, où les ministres sont constamment traqués par quatre cents députés, avec une certaine quantité de pairs de France ; et ces quatre cents députés sont à leur tour poursuivis, harcelés par dix mille électeurs infatigables et âpres à la curée, qui ne leur laissent pas un instant de liberté et de repos. »

Et enfin, montant à la tribune à la veille de février 1848, il adressait à ses collègues ces paroles prophétiques :

— « Messieurs, c'est un vaincu qui parle à des vaincus. »

Le vieux Luxembourg trembla sur ses bases.

VII.

Cependant il s'était dessiné comme chef du parti catholique. En 1843, il avait accompagné à Madère sa jeune femme souffrante ; c'était Mlle de Mérode, la sœur de deux hommes illustres qui lui avait apporté une immense fortune. Mais l'éloignement ne l'empêchait pas de veiller au salut de sa cause, et de Madère même il lançait son fameux manifeste catholique où il traçait aux fidèles leurs devoirs dans la situation politique présente. En même temps il faisait alliance avec *l'Univers* et déclarait la guerre à M. Villemain, ministre de l'instruction publique, de concert avec M. Louis Veuillot. Nous avons parlé déjà de son discours sur la liberté d'enseignement, il faut rappeler ici celui qu'il prononça sur la liberté de l'Eglise et celle des ordres ecclésiastiques.

En 1845, il fonda le comité de la Société religieuse, en vue des élections de l'année suivante. Par une autre conséquence de ses principes libéraux, il réclamait en faveur des nationalités opprimées, pour la Pologne, pour la Grèce, pour les chrétiens de Syrie (1831-1844-1848), pour l'Irlande. Le 10 février 1848, il faisait célébrer à Notre-Dame un service funèbre à la mémoire d'O'Connell.

Adversaire déclaré du gouvernement de juillet, on comprend que la révolutiou de 1848 n'ait pas été pour lui un deuil. Il y vit une occasion de faire triompher les principes qu'il avait soutenus jusque-là avec plus de talent que de succès, et dans ce but se rapprocha de *l'Univers* dont il s'était éloigné quelque temps après l'avènement de Pie IX.

Voici à cet égard quelques lignes de M. Louis Veuillot lui-même :

« M de Montalembert me permettra de rappeler une circonstance qui l'honore. Au moment de la révolution, il était brouillé avec *l'U-nivers*. Le soir du 24 février, au nombre de trois ou quatre nous délibérions sur le langage que nous avions à tenir, lorsque nous vîmes, avec plus de joie que de surprise, arriver M. de Montalembert. Ce fut le seul capitaine qui parut ce soir-là dans notre pauvre petit corps-de-garde. Avant d'avoir dit un mot de la situation, nous nous sentîmes d'accord. Lui présent et consulté, nous écrivîmes le court programme de la ligne que nous devions suivre. Ce programme était sincère, on le trouva sans témérité et sans bassesse. Bientôt après, en lisant les mandements de nos évêques, nous eûmes la consolation de voir que nous n'avions pas été mal inspirés. »

Il se présenta aux élections de la Constituante, dans le département du Doubs, où sa famille avait de grands biens, fut élu, le dernier de la liste, par 22,000 suffrages, et vint siéger à l'extrême droite. Membre du comité électoral de la rue de Poitiers, il vota, en général, avec le parti modéré. Toutefois, il se prononça avec la gauche contre le rétablissement du cautionnement des journaux et contre le maintien de l'état de siége pendant la discussion de la Constitution.

s'opposa à l'admission de Louis Bonaparte, et refusa d'approuver l'ensemble de la Constitution. Mais, à la fin de la session, il subordonna absolument l'un des deux principes, la liberté, à l'autre, l'autorité ; appuya, dans un discours remarquable, le projet de loi restrictif de la presse, présenté par M. Dufaure, et donna toute son adhésion à l'expédition de Rome.

Réélu à l'assemblée législative par le département du Doubs, et, en même temps, par celui des Côtes-du-Nord, M. de Montalembert y dégagea encore plus vivement sa haute personnalité. Excité par l'éloquence rivale de M. Victor Hugo, qui devint comme son adversaire naturel, il y déploya un immense talent d'orateur. Cette lutte commença entre eux à propos du *motu proprio* du Pape, et se poursuivit, avec un caractère tout à fait personnel, dans la discussion du projet de loi organique de l'enseignement.

Jamais son éloquence ne fut plus vive, plus puissante que dans ces occasions où les interruptions et les clameurs semblaient avoir le privilége d'aiguillonner son talent et de le développer encore :

— Le discours que vous venez d'entendre, — s'écriait-il, répondant à son antagoniste, — a trouvé son châtiment dans les applaudissements qui l'ont accueilli.

Des cris s'élèvent, interrompent l'orateur ; on exige qu'il retire l'expression dont il s'est servi.

— Soit ! — reprend-il avec un sourire, — puisque le mot de *châtiment* vous blesse, j'y substitue celui de *récompense !*...

« D'où vient, écrit Proudhon, dont certes on ne récusera pas le témoignage en cette circonstance, d'où vient cette profondeur dans le *vrai*, cette forme saisissante dans le langage, ce bonheur parfois inouï de l'expression ? de ce que, seul, M. de Montalembert s'est placé au point réel de la question. » C'est le discours sur les droits du Saint-Siége que Proudhon apprécie en ces termes, et nous ne pouvons nous refuser le plaisir d'en citer ici un long extrait. L'éloquence humaine ne s'était jamais élevée à une plus grande hauteur. Certes, il s'était montré admirable d'énergie et de talent en revendiquant la liberté d'enseignement, bien précieux que la France lui doit; mais que dire de l'héroïque courage avec lequel, dans ces jours troublés, il défendit les droits et la liberté de l'Église « sa mère » :

« Croyez-vous que les hommes qui ont été conduits à porter la main sur le Saint-Siége, sur des souverains pontifes eux-mêmes, sont entrés avec cette pensée dans les luttes contre le Saint-Siége ? Croyez-vous qu'ils se sont dit tout d'abord : Je ferai le Pape prisonnier ou je lui forcerai la main par tous les moyens que peut fournir la violence ou la contrainte ? je suis convaincu qu'il n'en est rien : mais ils y ont été conduits comme vous y seriez conduits vous-mêmes, si vous entriez dans cette voie, par le dépit, par l'impatience, par la menace maladroitement faite qui manque son effet, et à laquelle un détestable amour-propre force de rester fidèle : voilà comme on aboutit à la contrainte et à la violence. (*Sensation.*)

« Napoléon lui-même, quand il a fait Pie VII prisonnier, croyez-vous qu'en commençant à lutter avec lui il ait envisagé d'avance la nécessité où il s'est cru placé, de traîner Pie VII à Savone et à Fontainebleau ?

« Je suis convaincu du contraire : et puisque j'ai cité ce nom et cette histoire, qui a déjà été citée dans cette discussion par M. le général Cavaignac, si je ne me trompe, je m'y arrêterai un instant. Je sais bien que c'est un lieu commun de l'histoire que cette défaite de Napoléon par Pie VII ; il doit être familier à tous les esprits : cependant il renferme de bien grands enseignements : d'abord celui-ci, dont on ne paraît pas toujours assez préoccupé. On dit : mais, après tout, nous ne luttons avec le Saint-Siége que sur un objet purement temporel ; il ne s'agit pas du tout de l'autorité spirituelle, de la vérité dogmatique, c'est très-vrai ; mais Napoléon, lui aussi, quand il luttait avec Pie VII, était-ce pour un objet spirituel, dogmatique ? Pas le moins du monde ; c'était bel et bien pour un objet purement temporel, pour un règlement de police et pour une question de guerre, pour une question de ports que Pie VII ne voulait pas fermer aux Anglais, pour une question de guerre qu'il ne voulait pas déclarer aux Anglais, tout comme Pie IX qui a été détrôné par ses sujets pour n'avoir pas voulu faire la guerre aux Autrichiens. Cela n'a pas empêché l'Europe et le monde de voir en Pie IX le martyr des droits de l'Église.

« Et qu'en est-il résulté, de cette lutte entre Napoléon et Pie VII? une grande faiblesse et une grande déconsidération pour le grand Empereur, et, en fin de compte, une grande défaite; car, et ceci est ce qu'il y a de plus grave, c'est ce qui doit frapper tous les esprits, même les plus prévenus, même les moins sensibles aux préoccupations que l'on suppose peut-être dominer chez moi en ce moment : ce n'est pas seulement le discrédit et la déconsidération qui, tôt ou tard, s'attachent à ceux qui luttent contre le Saint-Siége; mais c'est encore la défaite ! oui, c'est l'insuccès qui est certain, certain, notez-le bien !

« Et pourquoi l'insuccès est-il certain? Ah ! remarquez bien ceci : parce qu'il y a entre le Saint-Siége et vous, ou tout autre qui voudrait combattre contre lui, il y a inégalité de force; et sachez bien que cette inégalité n'est pas pour vous, mais contre vous. Vous avez 500,000 hommes, des flottes, des canons, toutes les ressources que peut fournir la force matérielle, c'est vrai. Et le Pape n'a rien de tout cela, mais il a ce que vous n'avez pas : il a une force morale, un empire sur les consciences et sur les âmes auxquelles vous ne pouvez avoir aucune prétention, et cet empire est immortel ! (*Dénégation à gauche. — Vive approbation à droite.*)

« Vous le niez, vous niez la force morale, vous niez la foi, vous niez l'empire, l'autorité sur les âmes, cet empire qui a eu raison du plus fier des empereurs. Eh bien ! soit; mais il y a une chose que vous ne pouvez pas nier, c'est la faiblesse du Saint-Siége. Or, sachez-le, c'est cette faiblesse même qui fait sa force insurmontable contre vous. Oh ! oui, il n'y a pas dans l'histoire du monde un plus grand spectacle et un plus consolant que les embarras de la force aux prises avec la faiblesse. (*Nouvelles et nombreuses marques d'adhésion à droite.*)

« Permettez-moi une comparaison familière. Quand un homme est condamné à lutter contre une femme, si cette femme n'est pas la dernière des créatures, elle peut le braver impunément ; elle lui dit : « Frappez, mais vous vous déshonorerez et ne me vaincrez pas. (*Très-bien ! très-bien !*) Eh bien, l'Eglise n'est pas une femme, elle est bien plus qu'une femme : c'est une mère. » (*Très-bien ! très-bien ! — Une triple salve d'applaudissements accueille cette phrase de l'orateur.*)

Une médaille fut frappée pour conserver à la postérité le souvenir de ces nobles accents.

Peu de temps après, Pie IX adressait au comte de Montalembert un Bref pour le féliciter, et associait à son nom celui de : « *Alfred de Falloux*, un homme, dit le Pape, admirable par sa piété et son noble dévouement à notre sainte religion et notre dignité suprême. » — Le Bref ajoute : « Mais le discours que vous avez prononcé, cher et digne fils, dans l'Assemblée générale des représentants, le 19 du mois dernier, est un nouvel et brillant monument de votre talent et de votre zèle fervent pour la défense de notre cause. Il vivra à jamais dans la mémoire des gens de bien. »

Aux vacances suivantes, M. de Montalembert fit un voyage à Rome et rapporta un morceau de la vraie croix, qu'il offrit au chapitre de la cathédrale. Depuis le vol du reliquaire de Saint-Denis, sous la Révolution, la France ne possédait plus un seul fragment de la sainte relique.

VIII.

Nous avons dit que la révolution de 1848 avait eu pour effet de rétablir l'entente entre M. de Montalembert et l'*Univers*.

« Sous la République, rapporte M. Eugène Veuillot, faisant la biographie de son frère, l'*Univers* fut enclavé dans le parti de la résistance, mais sans lui appartenir : il ne cessa, au contraire, de montrer à ce parti, que s'il avait de meilleurs instincts que ses adversaires, il s'en fallait de fort peu qu'il n'eut d'aussi mauvaises doctrines Durant tout le temps de ces luttes si vives, l'accord régna sur le fond des choses entre ce journal et M. de Montalembert. Avant le 10 décembre, Louis-Napoléon, candidat à la présidence de la république, écoutait volontiers tous les hommes qui possédaient une voix ou une plume. On proposa au rédacteur en chef de l'*Univers* une entrevue avec ce personnage qui tenait déjà une si grande place. Le journaliste répondit que M. de Montalembert était le chef de parti catholique, que par lui on pouvait savoir tout ce que pensaient, tout ce que voulaient, tout ce que désiraient ses amis, et qu'il avait plus de titre et plus de capacité que personne pour parler en leur nom. »

L'élection du prince Louis-Napoléon changea bientôt la situation. M. de Falloux, devenu ministre de l'Instruction publique, proposa sur l'enseignement une loi qui divisa les catholiques. M. l'abbé Dupanloup l'adopta avec enthousiasme, M. de Montalembert s'y rallia et ne tarda pas à la défendre avec passion, M. Louis Veuillot la combattit. On a prétendu que la division avait éclaté plus tôt. C'est une erreur. Les meilleurs rapports existèrent jusque-là entre MM. de Montalembert, Dupanloup, de Falloux et la rédaction de l'*Univers*.

Lorsque ces vifs débats furent apaisés, M. de Montalembert reprit ses relations avec l'*Univers* et M. de Falloux ne s'en tint pas très-éloigné.

Lors du coup d'Etat du 2 décembre, M. de Montalembert protesta contre l'incarcération des députés. Il fit néanmoins partie de la seconde Commission consultative, et de celle aussi qui jugeait de la mise en liberté des détenus aux casemates. Il usa le plus humainement possible de son pouvoir. Tel détenu, journaliste, qui n'avait à sa charge que des articles d'opposition un peu vive, lui dut sa liberté, et put le remercier à Bruxelles, chez son beau-père, M. de Mérode. Il fut élu au Corps législatif par le département du Doubs, en 1852. Il y représentait presque tout seul l'opposition. En 1854, à l'occasion d'une lettre confidentielle écrite par lui à M. Dupin, publiée, contre sa volonté, dans les journaux belges, et colportée à Paris, l'Assemblée autorisa contre lui des poursuites, qui aboutirent à une ordonnance de non-lieu. Aux élections de 1857, M. de Montalembert, vaincu, malgré tous ses efforts, par le candidat du gouvernement, fut écarté alors seulement de la vie publique.

Il avait été nommé membre de l'Académie et installé le 5 février 1852 dans le fauteuil vacant de M. Droz. Ce fut M. Guizot qui fut chargé de lui répondre. Quelques années plus tard, en octobre 1858, le *Correspondant* publiait un article du célèbre écrivain, article qui fut poursuivi sous l'inculpation d'excitation à la haine et au mépris du gouvernement de l'Empereur, d'attaque contre l'autorité que celui-ci tient de la Constitution et contre le suffrage universel. M. de Montalembert fut condamné à six mois de prison et à 3,000 fr. d'amende. Le jour même où il interjetait appel, l'Empereur lui faisait la remise de sa peine; le comte la repoussa comme prématurée.

Nous avons esquissé à grands traits les principaux événements politiques de la vie de cet homme illustre; il nous reste maintenant à parler de sa vie littéraire.

IX.

Dans ce travail auquel nous avons donné pour titre : *M. le comte de Montalembert, sa vie et ses œuvres*, une place aussi large que possible, quelle que soit l'exiguïté de l'ensemble, doit, en effet, être consacrée à étudier les travaux de l'écrivain. La série complète des œuvres de M. de Montalembert comprend neuf volumes seulement. Pour ne pas être lourd, le bagage n'en a pas moins de valeur. Ces œuvres, dont les premières datent de trente années déjà, ont toujours conservé la même actualité, la même jeunesse, la même vie; les grandes questions de liberté religieuse, de liberté d'enseignement, de liberté politique qu'il traite avec une souveraine éloquence dans ses discours et ses écrits, sont encore pendantes au tribunal de l'opinion, et n'ont rien perdu de leur importance et de leur actualité; la question de l'*Art religieux*, que M. de Montalembert a eu la gloire de poser le premier en France, pour avoir fait le plus de progrès, n'a pas dit son dernier mot, n'a pas atteint l'idéal rêvé par le noble comte.

Du reste, le style de M. de Montalembert est de ceux qui empêchent les livres de vieillir, et les font passer toujours jeunes à la postérité. Dans tout ce qu'il écrivait hier encore, on sent passer le souffle d'une âme de vingt ans, un souffle de liberté, de cette liberté dont il s'est montré toujours le chevalier fidèle et dévoué, et qui fut « l'idole de son âme. »

Un seul mot nous semble résumer admirablement la Vie et les Œuvres de M. le comte de Montalembert : c'est l'histoire de trente ans de lutte en faveur de la liberté, et surtout en faveur de la plus précieuse de toutes les libertés, la liberté de l'Eglise, de son Pontife suprême, de ses associations et de son enseignement (1).

De ces œuvres, donnons ici la nomenclature. Nous avons déjà cité la *Vie de la chère sainte Elisabeth de Hongrie*, ce livre qui, comme le dit l'auteur lui-même, « a ouvert un nouveau sentier à travers le champ de l'histoire catholique » Il est entre les mains de tous; neuf éditions n'en ont point épuisé le succès, et nous n'avons pas besoin de nous y arrêter.

On a encore de M. de Montalembert :

Du Catholicisme et du Vandalisme dans l'art (1829).

Du devoir des catholiques dans la liberté d'enseignement (1844). C'est ce fameux manifeste écrit du rocher de Madère dont nous avons précédemment parlé. — La même année, il publia un petit fragment : *Saint Anselme.*

Après février, c'est encore l'intérêt de l'Eglise qui guide sa plume : il écrit *Conseils aux catholiques* (1849), de même qu'après le coup d'État, il écrira : *Des intérêts catholiques au xixe siècle* (1852).

(1) Œuvres complètes de M. de Montalembert. — Avant-propos de l'éditeur.

M. de Montalembert, on le sait, était né à Londres. Il n'a pas oublié les lieux de sa naissance. Après l'Église, après la France, ce qu'il aime, ce qu'il chérit, ce qu'il exalte, c'est la libre Angleterre, dans laquelle il voit toujours « l'île des Saints » malgré la religion qui y domine. *Saint Anselme* est le premier tribut payé par l'écrivain à la Grande-Bretagne. Sous la même inspiration, il publie l'*Avenir politique de l'Angleterre* (1855), *Pie IX et lord Palmerston* (1856). Il suit avec le plus vif intérêt « ce développement merveilleux et jamais trop admiré du catholicisme dans l'île infidèle. Il est à saint Anselme et aux traditions renaissantes de l'Église d'Angleterre; il est aux efforts victorieux de l'émancipation; il est aux prodiges de l'architecture régénérée par Pugin, aux conversions éclatantes et au zèle infatigable des Newman, des Wiseman, des Faber, des Manning; il est aux héroïques douleurs de l'Irlande.

« La Grande-Bretagne le sait, elle connaît cette affection et elle y répond même du sein du protestantisme. Oxford, le chef-lieu de l'anglicanisme, a tenu à honneur d'offrir à l'illustre catholique le manteau d'hermine de son doctorat. (H. de Riancey.) »

Une nation en deuil, date de 1861. Constamment fidèle à ses chères affections d'autrefois, il écrit *Le Pape et la Pologne* (1864), de cette même plume qui, au temps de sa jeunesse, avait traduit les *Pèlerins polonais*. Notons ici la part qu'il a prise dans ces dernières années à la rédaction du *Correspondant*.

Nous avons dit quelle amitié profonde l'avait uni au Père Lacordaire. L'homme mûr se souvient de l'héroïque compagnon de son adolescence et lui rend un dernier hommage en écrivant cette étude biographique émue : *Le Père Lacordaire*, qui date de 1862. Le grand orateur venait de mourir (novembre 1861). Le monument que M. de Montalembert a élevé à la mémoire de l'âme fraternelle qui lui avait été si profondément attachée, demeurera peut-être comme son chef-d'œuvre.

« Il est là tout entier, dit le même écrivain que nous avons déjà souvent cité, et il n'y dissimule pas même les côtés âpres et rudes de sa nature bouillante. La solennité de la mort et la majesté de cette oraison funèbre, prononcée par l'un des maîtres de l'éloquence, sur la tombe d'un autre prince de la parole, n'ont pu exclure les ressouvenirs des jours de la bataille, et il y a autour de ce grand cercueil un écho non encore affaibli des combats passés.

« Une sérénité plus inaltérable, je l'avoue, m'aurait plu davantage. Peut-être eût-elle rejeté l'esprit avec moins d'entraînement sur les scènes touchantes de fraternité chrétienne qui sont l'attrait délicat et impérissable de ce livre.

Je ne crois pas qu'il existe dans l'histoire des âmes une page plus belle que celle où, après des déchirements cruels, la sainte obéissance triomphe, et triomphe sans retour. Ici, il faut le dire à la gloire de Montalembert, c'est le laïque qui encourage, qui fortifie, j'oserais presque dire qui décide le prêtre. Et aussi quand la foi et la soumission ont vaincu, quelle humilité, quel renoncement, quelle fidélité ! Il semble qu'il s'établisse entre les deux amis et selon les voies diverses où la Providence les guide, une émulation de dévouement, de respect et d'amour pour ce siége apostolique qui les a reconquis à Dieu et à son Église.

« Il appartenait à l'un et à l'autre de se servir de témoins. Je serais tenté de remarquer que le survivant n'avait pas été seul appelé à parler : les lettres de celui qui l'a précédé dans l'immortalité bienheureuse parlent aussi. Cette vie est comme faite à deux et avec un irrésistible ascendant de témoignage mutuel. »

N'est-ce point à cette même amitié pour le Père Lacordaire qu'il faut attribuer l'idée première du grand ouvrage de M. de Montalembert, les *Moines d'Occident*, et n'en a-t-il pas conçu la pensée en lisant ces belles pages du R. P. : *Mémoire sur le rétablissement des Frères prêcheurs*, magnifique plaidoyer *pro domo sua*, où il compare les ordres religieux à ces vastes forêts de chênes que le vandalisme coupe par le pied, mais qui repoussent des rejetons plus forts et plus verdoyants, et où il s'écrie : « les chênes et les moines sont immortels ! » Quoi qu'il en soit, les *Moines d'Occident* sont l'œuvre la plus belle du comte de Montalembert, œuvre trop peu connue encore malgré sa renommée, immense trésor de science théologique et d'études historiques pleines à la fois de charme, de nouveauté et de profondeur.

OEuvre trop peu connue, avons-nous dit, et cependant ce monument élevé à la vie religieuse de notre Europe était le labeur de prédilection du savant écrivain.

Aussi croyons-nous être agréable à ceux qui nous lisent en analysant ici en quelques pages ce grand travail inachevé. Ils sont là devant nous, sur notre table, ces cinq volumes de l'histoire des *Moines d'Occident*, si remplis de pages éloquentes et inspirées, de profonds et ingénieux aperçus. Il est là cet édifice de savoir, de patience, de génie, et nous ne pouvons nous faire à l'idée que celui qui l'a élevé n'est plus, et que de sa main cruelle la mort en a interrompu le glorieux achèvement.

Autant que la situation de notre esprit, profondément troublé par cette inattendue catastrophe, peut nous le permettre, essayons donc cette analyse de l'œuvre que chérissait au-dessus de toutes les autres M. le comte de Montalembert ; ce sera comme un dernier hommage rendu à la mémoire du grand historien.

Et à cette analyse d'ailleurs lui-même va puissamment contribuer. Dans ce genre de travail, il faut, non point redouter, mais rechercher les emprunts faits à l'auteur. Il en est des belles œuvres comme des bonnes œuvres : le meilleur éloge qu'on en puisse faire est tout simplement de les raconter.

Nous venons de dire l'extrême prédilection de M. de Montalembert pour les *Moines d'Occident*. Elle apparaît tout entière dans un délicieux chapitre de l'introduction, dont il convient de rapporter ici les principaux passages. Ce livre qu'il a écrit avec tant de bonheur, au frontispice duquel il a gravé ces mots: *fide ac veritate*, il a peine maintenant à s'en séparer, à l'exposer aux yeux du public. Que disons-nous, il a peine ? Il a peur, et ce n'est pas lui qui s'écrierait comme le poète latin :

> Exegi monumentum ære perennius. ...

Au contraire, ce *monument* qu'il avait rêvé si beau, si grand, tant qu'il était en voie de construction, il lui apparaît maintenant, dans son humilité, maigre et chétif. Il se reproche de « savoir si bien admirer ses héros et si peu les imiter. » Il voudrait retenir son livre, le garder pour lui seul, le cacher au regard des profanes. Et pour s'encourager, pour s'enhardir, pour se prouver à lui-même qu'il n'a pas été le seul à ressentir ces émotions, ces terreurs, il cite à la fois, et Dante :

Vagliami 'l lungo studio e il grand' amore.

Et Mme de Staël :

« Quand un livre paraît, que de moments heureux n'a-t-il pas valus à celui qui l'écrivait selon son cœur et comme un acte de son culte ! Que de larmes pleines de douceur n'a-t-il pas répandues dans sa solitude sur les merveilles qu'il raconte ! »

Et encore le grand poète anglais :

Things won are done : joy's soul lies in the doing.

« Elle avait raison, Mme de Staël, continue notre écrivain: sans aspirer au rang qu'elle a conquis, sans s'aventurer comme elle dans le domaine de l'imagination, on peut trouver, dans une sphère plus grave et moins brillante, d'inépuisables attraits. Ces longues et infatigables recherches à travers les labeurs d'autrui, à la recherche d'une date, d'un fait, d'un nom, d'un détail qui marque et qui parle ; ces découvertes que chacun se flatte d'avoir faites ou de remettre en lumière ; cette vérité qu'on entrevoit, qu'on saisit, qui échappe, qui revient, qui s'arrête et se donne enfin lumineuse et victorieuse à jamais ; ces entretiens intimes et prolongés avec tant de grandes âmes et d'âmes saintes qui sortent des ombres du passé pour se révéler dans leurs actes ou leurs écrits, toutes ces joies pures et profondes de l'historien consciencieux, les voilà finies!

« Elles vont faire place aux épreuves, aux mécomptes, aux dangers de la publicité , aux chances si nombreuses de la malveillance, de l'indifférence, de l'oubli. C'est alors que surgit la pensée assombrissante des écueils qu'on va braver, des tristesses qu'on s'est spontanément attirées. C'est alors qu'apparaît dans toute son amertume la difficile, l'ingrate mission de l'écrivain qui veut aimer son âme et celle de son prochain ; c'est alors, mais trop tard, qu'on découvre toutes les bonnes raisons qu'il y avait pour se décourager, pour renoncer à sa tâche et se taire. »

Un peu plus loin, Montalembert, (Ah ! laissez-nous pour une seule fois mettre de côté les banales formules de politesse ou d'appellation aristocratique, laissez-nous l'appeler Montalembert, comme l'appellera la postérité), — un peu plus loin, disons-nous, il nous initie à son travail : « Il est impossible, prend-il la peine de nous affirmer, de pousser plus loin la rigueur du scrupule en ce qui touche à l'exactitude des recherches. Chaque mot de ce que j'ai écrit a été puisé aux sources, et si j'ai cité souvent un fait ou une expression provenant d'un auteur de seconde main, ce n'a jamais été sans en avoir attentivement vérifié l'origine ou complété le texte. Telle date, telle citation, telle note en apparence insignifiante m'a coûté des heures et quelquefois des journées de travail. Je n'ai su ni me contenter de l'à peu près, ni me résigner à rester dans le doute, tant que toute chance d'arriver à la certitude n'a pas été épuisée. C'est une tâche ingrate et pénible, mais qui finit par avoir un attrait, et qui devient une habitude dont il est impossible de s'écarter. »

Et ici encore, pour appuyer son témoignage, il invoque celui d'un célèbre historien de nos jours qui a pu se vanter avec raison que *son siècle l'avait lu.* Ah ! l'admirable modestie de la part d'un écrivain comme Montalembert ! Il invoque le témoignage de M. Thiers : « La vérité, voilà le but, le devoir, le bonheur d'un historien véritable ; quand on sait combien elle est belle, commode même, car seule elle explique tout, quand on le sait, on ne veut, on ne cherche, on n'aime, on ne présente qu'elle, ou du moins ce qu'on prend pour elle. »

Nous avons entendu un jour un homme de lettres dont la modestie n'a jamais été la première vertu, le *grand* Alexandre Dumas se comparant à Augustin Thierry, et prétendant avec la meilleure foi du monde « que Thierry était un mineur, dont lui, Dumas, enchâssait les pierres. » Tel autrefois, avec beaucoup plus de vérité, Virgile disait qu'il tirait son or du fumier d'Ennius.

Notre écrivain n'a point de si hautes visées. Trop modeste, lui, il ne veut être qu'un graveur, c'est-à-dire à peine un artiste ; tout-à-l'heure il se dira même ouvrier. Ecoutez-le plutôt :

« La tâche de l'historien ainsi comprise ressemble à celle du *graveur* qui prodigue son travail, son temps, ses jours, qui consacre quelquefois dix et vingt années de sa vie à reproduire, avec un religieux scrupule, jusqu'aux moindres détails de la toile du grand peintre que son admiration a choisie. Son labeur pieux s'attache à répandre au loin les copies fidèles du modèle qu'il désespère d'égaler, et à faire ainsi du trésor à peine connu de quelques-uns le patrimoine de la foule. Souvent sa tâche est interrompue, mais il y revient sans cesse, jusqu'à ce que son burin obstiné ait achevé l'œuvre chérie. Ainsi ai-je travaillé, modeste et diligent *ouvrier* d'une gloire qui n'est pas la mienne. J'ai essayé d'élever un monument, non certes à ma propre renommée, mais à celle de la vertu, de la vérité, de la sainteté dont je ne suis qu'un lointain et indigne admirateur ; j'ai espéré, non pas créer moi-même un chef-d'œuvre, mais seulement reproduire, en la multipliant, l'image des hauts faits de nos pères, pour en propager l'étude et le culte.

« Des événements où le devoir et l'honneur m'assignaient une place ont longtemps et souvent interrompu ce travail. Quand je l'ai repris, et quand je me suis reporté au temps où je l'avais commencé, j'ai dû reconnaître qu'il s'était opéré autour de moi des changements propres à diminuer encore les chances d'un succès, comme à dissiper toute vanité d'auteur. »

Mais, autant il fait bon marché de cette *vanité d'auteur*, autant il comprend ses devoirs de chrétien et d'homme. Ah ! il y a là trois pages magnifiques, trois pages dans lesquelles il montre qu'il a conscience à la fois de sa mission et de son génie, et nous ne pouvons nous empêcher ici de les citer tout entières; elles peignent l'homme :

«....Toutefois il est une pensée qui doit armer le courage et remonter les forces du plus humble soldat de la foi : c'est le souvenir du mal immense qu'a fait à l'humanité, non seulement le génie des grands ennemis de Dieu, mais encore toute cette nuée de scribes obscurs, des copistes vulgaires et serviles qui ont distillé en détail le venin de leurs maîtres et l'ont infiltré jusque dans les dernières veines du corps social. A la vue de leurs ravages chaque jour renouvelés, on comprend qu'il puisse y avoir une ambition légitime et un pur honneur à se faire le scribe de la justice et le copiste de la vérité.

« Même dans ces modestes limites, que de fois ne me suis-je pas dit que j'avais entrepris une œuvre au-dessus de mes forces !

« Que de fois n'ai-je point été tenté de renoncer à cette tâche excessive, et de fuir cet abîme où semblaient devoir s'engloutir, avec les années fugitives, une patience épuisée et une fatigue impuissante !

« Mais que de fois aussi, dans le silence des nuits, sous le toit du vieux manoir où j'ai écrit la plupart de ces pages, derrière les massifs in-folio où leurs actes ont été enregistrés par une laborieuse postérité, n'ai-je pas cru voir apparaître autour de moi tout cet imposant cortége des saints, des pontifes, des docteurs, des missionnaires, des artistes, des maîtres de la parole et de la vie, issus, de siècle en siècle, des rangs pressés de l'Ordre monastique ! Je contemplais en tremblant ces augustes ressuscités d'un passé plein de gloire méconnue. Leurs austères et bienveillants regards semblaient errer de leurs tombes profanées, de leurs œuvres oubliées, des monuments dédaignés de leur infatigable industrie, du site effacé de leurs saintes demeures, jusque sur moi, leur indigne annaliste, confus et accablé du poids de mon indignité. De leurs mâles et chastes poitrines j'entendais sortir comme une voix noblement plaintive : Tant de travaux incessants, tant de maux endurés, tant de services rendus, tant de vies consumées pour la gloire de Dieu, pour le bien des hommes ! et pour prix, la calomnie l'ingratitude, la proscription, le mépris ! Ne se lèvera-t-il donc personne, dans ces générations modernes, à la fois comblées et oublieuses de nos bienfaits pour venger notre mémoire ?

Exoriare aliquis nostris ex ossibus ultor !

« Point d'apologie, point de panégyrique; un récit simple et exact; la vérité, rien que la vérité ; la justice, rien que la justice : que ce soit là notre seule vengeance !

« Et alors je sentais courir dans mes veines un frémissement d'ardente et douloureuse émotion. Je ne suis, leur répondais-je, qu'une pauvre poussière , mais cette poussière s'animera peut-être au contact de vos ossements sacrés. Peut-être une étincelle à votre foyer viendra-t-elle allumer mon âme. Je n'ai pour arme qu'une triste et froide plume, et je suis le premier de mon sang qui n'ait guerroyé qu'avec la plume. Mais qu'au moins elle serve avec honneur, qu'elle devienne un glaive à son tour, dans la rude et sainte lutte de la conscience, de la vérité, de la majesté désarmée du droit, contre la triomphante oppression de mensonge et du mal ! »

En lisant cette *toute simple* description d'un travail *herculéen*, comme elle vous revient à la mémoire, et comme elle vous frappe douloureusement, la parole que le noble comte, impotent, traîné dans un fauteuil roulant à travers les galeries de l'Exposition, adressait à M. Emile Ollivier : « Vous voyez où j'en suis, mon cher ami, prenez exemple de moi... Ne vous tuez pas au travail !....»

Revenons à l'ouvrage lui-même, dont ce que nous avons cité n'est en quelque sorte que l'*avant-propos;*, l'exorde va venir tout à l'heure; voici en attendant la dédicace. Elle mérite d'être lue et méditée par toute âme chrétienne, elle est adressée à Sa Sainteté Pie IX :

« Très-Saint-Père,

« J'apporte aux pieds de Votre Sainteté un livre dont l'hommage lui appartient à plus d'un titre. Destiné à revendiquer la gloire d'une des plus grandes institutions du christianisme, ce travail sollicite tout spécialement la bénédiction du vicaire de Jésus-Christ, chef suprême et protecteur naturel de l'Ordre monastique. Longtemps et souvent interrompues, quelquefois pour le service de l'Église et le Vôtre, ces études ont été un jour reprises à la voix même de Votre Sainteté, lorsqu'au milieu de l'enthousiasme inoubliable qui saluait son avénement, Elle proclama dans une encyclique célèbre, les devoirs et les droits des Ordres religieux, et reconnut en eux « ces phalanges d'élite de l'Armée du Christ, qui ont toujours été le boule-vard et l'ornement de la République chrétienne comme de la Société civile. »

« En me permettant de lui dédier mon travail, Votre Sainteté sait bien que cette faveur inusitée ne peut avoir, en aucunes façons, pour résultat de dérober à la critique ou à la discussion une œuvre sujette à toutes les imperfections comme à toutes les incertitudes humaines, et qui n'a d'ailleurs la prétention d'aborder que des questions livrées à la libre appréciation de tous les chrétiens. C'est en vue des circonstances douloureuses et singulières où nous sommes, que Vous avez daigné, Très-Saint-Père, comprendre et exaucer le vœu d'un de vos fils les plus dévoués, ambitieux d'imprimer à vingt ans de travaux le sceau de sa tendre vénération pour Votre personne et Votre autorité. Quel catholique pourrait, de nos jours, se livrer à la paisible étude du passé, sans être troublé par la pensée des dangers et des épreuves dont le Saint-Siége est assailli, sans être dominé par le désir de déposer un hommage filial aux pieds de Celui qui représente aujourd'hui non-seulement l'infaillible vérité, mais encore la justice et la bonne foi, le courage et l'honneur indigné-ment méconnus ? Veuillez donc, Très-Saint-Père, agréer cette hum-ble offrande d'un cœur enflammé par une sincère admiration pour vos vertus, une ardente et respectueuse sympathie pour vos douleurs, une inébranlable fidélité à vos imprescriptibles droits. »

Quelle est l'origine du livre qu'écrit M. de Montalembert ? Il prend soin de nous l'indiquer lui-même au chapitre premier de son introduction, avec quel admirable tact ! Nous laissons au lecteur le soin d'en juger.

C'est une épopée qu'il écrit, et il débute à la façon du grand poète épique : *Ille ego qui quondam.....* disait Virgile ; « après avoir raconté, il y a plus de vingt ans, l'histoire de sainte Elisabeth, » commence M. de Montalembert. Et, dès ce début, se manifeste la preuve de ce que nous disions plus haut, que ce livre est un nouveau tribut payé à l'amitié en la personne du R. P. Lacordaire : « Je voulais, dit l'auteur, en écrivant la vie d'un moine, contribuer à la réhabilitation des Ordres monastiques. »

Et le voilà qui nous développe le plan de son ouvrage; « né, dit-il, d'une pensée plus restreinte que son titre ne l'indique. » Nous voulions analyser le livre; l'auteur l'analyse lui-même, et il ne nous reste plus qu'à le citer :

« A qui cherche le type le plus accompli du religieux, saint Bernard se présente tout d'abord. Nul n'a jeté plus d'éclat que lui sur la robe du moine. Et cependant, chose étrange ! des nombreux auteurs qui ont écrit son histoire, excepté ses premiers biographes qui commencèrent à l'écrire de son vivant, aucun n'a semblé préoccupé de ce qui la domine et l'explique, de sa profession monastique. De l'aveu de tous, saint Bernard fut un grand homme et un homme de génie ; il exerça sur son siècle un ascendant sans pareil ; il régna par l'éloquence, la vertu et le courage. Plus d'une fois il décida du sort des peuples et des couronnes ; un jour même, il tint entre ses mains la destinée de l'Église. Il sut remuer l'Europe et la précipiter sur l'Orient; il sut combattre et vaincre dans Abeilard, le précurseur du rationalisme moderne. Tout le monde le sait et le dit; tous le rangent volontiers à côté de Ximenès, de Richelieu et de Bossuet. Mais cela ne suffit pas. S'il fut, et qui en doute ? un grand orateur, un grand écrivain, un grand personnage, c'était presque à son insu et bien malgré lui. Il fut, et surtout il voulut être autre chose ; il fut moine et il fut saint ; il vécut dans un cloître et il fit des miracles.

« L'Église a défini et constaté la sainteté de Bernard; l'histoire reste chargée de la mission de raconter sa vie et d'expliquer l'influence merveilleuse qu'il exerça sur ses contemporains.

« Mais en voulant étudier la vie et l'époque de ce grand homme qui fut moine, on trouve que les papes, les évêques, les saints, qui étaient alors le boulevard et l'honneur de la Société chrétienne, sortaient tous ou presque tous de l'Ordre monastique comme lui. Qu'étaient-ce donc que ces moines? d'où venaient-ils et qu'avaient-ils fait jusque-là pour occuper dans les destinées du monde une place si haute? il fallait d'abord résoudre ces questions.

« Il y a plus. En essayant de juger la période où vécut saint Bernard, on voit qu'il est impossible de l'expliquer ou de la comprendre, si on ne reconnaît pas qu'elle est animée du même souffle qui a vivifié une époque antérieure, dont elle n'est que la continuation directe et fidèle.

« Si le douzième siècle s'est incliné devant le génie et la vertu du moine Bernard, c'est parce que le onzième avait été régénéré et pénétré par la vertu et le génie du moine qui s'appela Grégoire VII. Ni l'époque, ni l'action de Bernard ne sauraient donc être envisagées à part de la crise salutaire qui avait préparé l'une et rendu l'autre possible ; et jamais un simple moine n'aurait été écouté et obéi comme le fut Bernard, si sa grandeur incontestée n'avait été précédée par les luttes, les épreuves et la victoire posthume de cet autre moine qui mourut six ans avant sa naissance. Il a donc fallu non-seulement caractériser par un résumé consciencieux le pontificat du plus célèbre des Papes sortis des rangs monastiques, mais encore passer en revue toute la période qui réunit les derniers combats de Grégoire aux premiers efforts de Bernard, et tenter ainsi le récit d'une lutte qui fut la plus grave et la plus glorieuse que l'Église ait jamais livrée, et où les moines furent les premiers à la peine comme à l'honneur.

« Mais cela même ne suffirait pas. Bien loin d'être les fondateurs de l'Ordre monastique, Grégoire VII et Bernard n'en étaient que les rejetons, comme tant de milliers de leurs contemporains. Cet institut existait depuis plus de cinq siècles, lorsque ces grands hommes surent en tirer un si merveilleux parti. Pour en connaître l'origine, pour en apprécier la nature et les services, il faut remonter à un autre Grégoire, à saint Grégoire-le-Grand, au premier Pape sorti du cloître, et plus haut encore, à saint Benoît, législateur et patriarche des moines d'Occident. Il faut au moins entrevoir pendant ces cinq siècles les efforts surhumains, tentés par ces légions de moines sans cesse renaissantes, pour dompter, pacifier, discipliner, purifier vingt peuples barbares, successivement transformés en nations chrétiennes. C'eût été une injustice et une ingratitude révoltante que de se taire sur vingt générations d'indomptables laboureurs qui ont défriché les âmes de nos pères en même temps que le sol de l'Europe chrétienne, et n'ont laissé à Bernard et à ses contemporains que la fatigue du moissonneur.

« Les volumes dont je commence aujourd'hui la publication sont destinés à cette tâche préliminaire.

« Ambitieux de faire suivre à mes lecteurs la route que je m'étais frayée à moi-même, j'ai destiné ce long préambule à faire connaître ce qu'était l'ordre monastique, et ce qu'il avait fait pour le monde catholique avant l'avénement de saint Bernard à la première place dans l'estime et l'admiration de la chrétienté de son temps..... »

Un peu plus loin, il fait un charmant et délicat aveu :

« Qui est-ce qui savait, il y a quelques années, ce que c'était qu'un moine ? Pour moi, je ne m'en doutais pas quand je commençai ce travail. Je croyais bien savoir à peu près ce qu'était un saint, ce qu'était l'Église ; mais je n'avais pas la moindre notion de ce que pouvait être un moine ou un ordre monastique. J'étais bien de mon temps. Dans tout le cours de mon éducation domestique ou publique, personne, pas même parmi ceux qui étaient spécialement chargés de m'enseigner la religion et l'histoire, personne ne s'était jamais avisé de me donner la moindre notion des ordres religieux. Trente ans à peine s'étaient écoulés depuis leur ruine, et déjà on les traitait comme ces espèces perdues, dont les ossements fossiles reparaissent de temps à autre, pour exciter la curiosité ou la répugnance, mais qui ne comptent plus dans l'histoire de ce qui vit. Je me figure que la plupart des hommes de mon âge se reconnaîtront là. Ne sommes-nous pas tous sortis du collége, sachant par cœur le compte des maîtresses de Jupiter, mais ignorant jusqu'aux noms même des fondateurs de ces ordres religieux qui ont civilisé l'Europe et tant de fois l'Église?

« La première fois que je vis un habit de moine, faut-il l'avouer? ce fut sur les planches d'un théâtre, dans une de ces ignobles parodies qui tiennent trop souvent lieu aux peuples modernes des pompes et des solennités de la religion. Quelques années plus tard, je rencontrai pour la première fois un vrai moine : c'était au pied de la Grande-Chartreuse, à l'entrée de cette gorge sauvage, le long de ce torrent bondissant, que n'oublient jamais ceux qui ont pu visiter un jour cette solitude célèbre. Je ne savais encore rien ni des services, ni des gloires que ce froc dédaigné devrait rappeler au chrétien le moins instruit ; mais je me souviens encore de la surprise et de l'émotion que cette image d'un monde disparu versa dans mon cœur. Aujourd'hui même, après tant d'émotions, tant de luttes diverses et tant de travaux qui m'ont révélé l'immortelle grandeur du rôle des ordres religieux dans l'Église, ce souvenir survit et me pénètre d'une infinie douceur. Combien je voudrais que ce livre pût laisser à ceux qui le rencontreront sur leur passage une impression semblable et inspirer à quelques-uns, avec le respect de cette grandeur vaincue, le désir de l'étudier et le besoin de lui rendre justice. »

Il n'entre pas dans le cadre de cet opuscule de suivre pas à pas l'auteur dans les développements qu'il donne à son grand ouvrage ; plusieurs centaines de pages n'y suffiraient pas. Contentons-nous d'en indiquer les divisions principales, en glanant çà et là quelques beaux passages.

L'empire romain après la paix de l'Église, les précurseurs monastiques en Orient, saint Antoine, saint Paul, saint Pacôme, saint Athanase, sainte Euphrasie, saint Basile, saint Grégoire de Nazianze, saint Jean Chrysostôme, etc., tels sont les sujets et les figures qu'étudient les deux premiers livres. Mais les moines d'Orient

finissent par devenir esclaves de l'islamisme et complices du schisme;
le livre III nous transporte en Occident.

Voici saint Athanase et saint Jérôme, saint Ambroise et saint Augustin, saint Martin, soldat moine et évêque, saint Césaire, saint Séverin. Nous en passons et des meilleurs, pour arriver au récit de ces deux belles vies de saint Benoît et de saint Grégoire-le-Grand qui forment l'attrait capital du second volume de l'œuvre.

Parcourant au hasard la vie de saint Grégoire-le-Grand pour y chercher quelques citations, nous rencontrons ces lignes significatives que nous ne pouvons nous empêcher de reproduire ici comme une singulière et mystérieuse coïncidence :

« La maladie fit des dernières années de sa vie une sorte de martyre, le cri de la souffrance éclate dans ses lettres : « Me voici bientôt depuis deux ans emprisonné dans mon lit par de telles douleurs que je puis à peine me lever pendant deux ou trois heures!.. Pourvu seulement que mes fautes, que ces douleurs pourraient purifier, ne soient point aggravées par mes murmures! »

Et plus loin, citant un fragment inédit du regretté Ozanam, M. de Montalembert s'écrie d'un ton qu'on pourrait dire fatidique : « Il est beau de voir une existence si douloureuse et si courte suffire à de telles œuvres. On aime à trouver la faiblesse humaine dans les grands hommes. L'héroïsme antique est de marbre ou de bronze, on l'admire, on ne l'imite pas ; mais le christianisme a mis les âmes de héros dans des cœurs de chair. Il n'y détruit aucune des faiblesses respectables de la nature. Il y trouve sa force. On n'est pas fort pour être dur. »

Il poursuit encore en parlant de saint Grégoire :

« Au milieu de ses insupportables souffrances et jusqu'à son dernier jour, il continuait avec une infatigable activité à dicter sa correspondance et à s'occuper des intérêts de l'Église. . . . . . .
Il mourut le 12 mars (1), et sur sa tombe on grava une épitaphe où il est dit que : « Après avoir conformé toutes ses actions à sa

---

(1) M. de Montalembert est mort le *13 mars*.

doctrine, il est allé jouir du triomphe éternel. » ...Il eut, comme tant d'autres grands cœurs, à lutter contre l'ingratitude. ... »

Ne trouvez-vous pas avec nous qu'il y a quelque chose d'émouvant dans ces rapprochements, et croyez-vous que l'historien pensât seulement au passé, alors qu'il laissait échapper de sa plume ce « *comme tant d'autres grands cœurs.* »

Des trois derniers volumes nous aurions beaucoup à extraire, si l'espace et le temps nous le permettaient. C'est une sorte de parenthèse dans l'œuvre, c'est le champ qui s'élargit, ainsi que l'auteur nous en a prévenu lui-même ; il passe en Angleterre, son terrain de prédilection, « cette île des saints » , que tant il affectionne, et pour être sûr d'y rester plus longtemps, il brûle ses vaisseaux comme Guillaume-le Conquérant : il y restera trois volumes, et la postérité y perdra *la vie de saint Bernard* (1) et l'achèvement de cette grande œuvre.

Ah ! cependant, en lisant ces pages, si nous regrettons le livre inachevé, ne regrettons pas du moins le temps que l'auteur passa à les écrire. C'était, nous en sommes assuré, ses trois volumes de prédilection, ceux qui ont pour titre : *Conversion de l'Angleterre par les moines*, et nous n'en voulons d'autre preuve que les trois dédicaces qui précèdent chaque volume. A mesure qu'il en a terminé un, il a hâte de le placer sous l'égide de l'amitié, et en tête de cette triple partie il inscrit successivement ces trois noms si chers à son cœur : l'Évêque d'Orléans, M. Théophile Foisset (l'historien de Lacordaire) et le comte Dunraven. Par un raffinement de savant s'adressant à des savants, il signe ses dédicaces : *Carolus, Comes de Montalembert.*

Nous terminerions ici l'analyse de ce travail, analyse bien peu digne en vérité du grand sujet qu'elle s'est imposée, si quelques pages empreintes d'une indicible émotion ne nous arrêtaient encore

---

(1) On lit dans plusieurs journaux que M. de Montalembert laisse un certain nombre de travaux en manuscrit, entre autres des fragments. des mémoires politiques sur les années 1850, 1851 et 1852, une VIE DE SAINT BERNARD et une Préface au Testament du P. Lacordaire.

Le dernier chapitre du dernier volume est consacré aux religieuses Anglo-Saxonnes, et en faisant l'histoire du passé, M. de Montalembert parle au présent, « car tout cela, dit-il, subsiste encore. Tout cela se trouve et se reproduit chaque jour au sein de notre civilisation moderne. » Ecoutez, écoutez ces pages sublimes :

« Oui, chaque jour, depuis le commencement du siècle où nous sommes, des milliers de créatures aimées sortent des châteaux comme des chaumières, des palais comme des ateliers, pour offrir à Dieu leur cœur, leur âme, leur corps virginal, leur tendresse et leur vie. Chaque jour, parmi nous et partout, des filles de grande maison et de grand cœur, et d'autres d'un cœur plus grand que leur fortune, se donnent, dès le matin de la vie, à un époux immortel.

« C'est la fleur du genre humain, fleur encore chargée de sa goutte de rosée, qui n'a encore réfléchi que le rayon du soleil levant et qu'aucune poussière terrestre n'a encore ternie ; fleur exquise et charmante qui, respirée même de loin, enivre de ses chastes senteurs, au moins pour un moment, les âmes les plus vulgaires. C'est la fleur, mais c'est aussi le fruit ; c'est la sève la plus pure, c'est le sang le plus généreux de la tige d'Adam ; car chaque jour ces héroïnes remportent la plus étonnante des victoires, grâce au plus courageux effort qui puisse enlever la créature aux instincts terrestres et aux liens mortels.

« Avez-vous vu, en mars ou avril, un jeune enfant respirer les premiers épanouissements de la nature et les premières lueurs de l'admiration étinceler dans son beau regard au contact du réveil de la vie dans les bois et les champs? C'était le printemps de la vie en présence du printemps de la nature, et c'était un enchantement! mais il y a quelque chose de plus enchanteur et qui ravit l'âme aux plus hautes cimes de l'émotion humaine : c'est la vierge dejà adolescente, toute rayonnante de jeunesse et de beauté, qui se détourne de tous les parfums de la vie pour ne plus respirer et regarder que vers le ciel.

« Quel spectacle! et où en trouver un qui manifeste plus visiblement la nature divine de l'Église, qui fasse mieux oublier les misères et les taches dont sa céleste splendeur est parfois voilée?

« Mais, redisons-le sans cesse, ce spectacle nous est donné partout, et non-seulement dans notre Europe vieille et malsaine, mais dans cette Amérique que contemplent avec espoir et confiance tous les esprits généreux, partout où l'Évangile est prêché, partout où un crucifix est dressé; car partout le Christ sait, de ses bras invincibles, saisir et déraciner ces fleurs terrestres pour les transplanter dans une région plus voisine du ciel.

« Les spoliateurs et les proscripteurs auront beau recommencer leur œuvre, chaque jour prédite et provoquée par les scribes du césarisme révolutionnaire, la chasteté dévouée recommencera la sienne. Dans les greniers et les caves des palais habités par les triomphateurs de l'avenir, sur leurs têtes ou sous leurs pieds, il y aura des vierges qui jureront à Jésus-Christ de n'appartenir qu'à lui, et qui garderont ce serment, s'il le faut, au prix de la vie. »

Ici, en lisant pour la première fois ces pages, nous qui savions que l'écrivain avait une fille religieuse, nous nous attendions à chaque instant à une explosion de douleur. Il n'a pas manqué, ce cri; c'est celui d'un chrétien qui humblement se plie sous le coup qui le frappe. Non, jamais la langue humaine n'a su trouver de tels accents :

« Ce spectacle quotidien, nous-même qui en parlons, nous l'avons vu et subi. Ce que nous n'avions entrevu qu'à travers les âges et à travers les livres, s'est dressé un jour devant nos yeux baignés des larmes d'une angoisse paternelle. Qui ne nous pardonnera d'avoir, sous l'empire de cet ineffaçable souvenir, allongé plus que de raison peut-être cette page d'une œuvre trop longtemps inachevée? Combien d'autres n'ont pas, eux aussi, traversé cette angoisse et contemplé, d'un regard éperdu, la dernière apparition mondaine d'une fille ou d'une sœur bien aimée !

« Un matin elle se lève et s'en vient dire à son père et à sa mère : Adieu, tout est fini. Je vais mourir, mourir à vous, mourir à tout. Je ne serai jamais ni épouse, ni mère; je ne serai plus même votre fille. Je ne suis plus qu'à Dieu. — Rien ne la retient. *Statim relictis retibus et patre, secuta est eum !* La voilà déjà parée pour le sacrifice, étincelante et charmante, avec un sourire angélique, avec une ardeur sereine, rayonnante de grâce et de fraîcheur, le vrai chef-d'œuvre de la création ! Fière de sa riante et dernière parure, vaillante et radieuse, elle marche à l'autel, ou plutôt elle y court, elle y vole comme un soldat à l'assaut, contenant à peine la passion qui la dévore, pour y courber la tête sous ce voile qui sera un joug pour le reste de sa vie, mais qui sera la couronne de son éternité.

« C'en est fait ; elle a franchi l'abîme avec cet élan, cet essor, ce magnanime oubli de soi qui est la gloire de la jeunesse, avec cet enthousiasme invincible et pur que rien ici-bas ne saura plus ni éteindre ni égaler.

« Mais quel est donc cet amant invincible, mort sur un gibet, il y a dix-huit siècles, et qui attire ainsi à lui la jeunesse, la beauté, et l'amour ? qui apparaît aux âmes avec un éclat et un attrait auquel elles ne peuvent résister ? qui fond tout à coup sur elles et en fait sa proie ? qui prend toute vivante la chair de notre chair et s'abreuve du plus pur de notre sang ? Est-ce un homme ? Non : c'est Dieu. Voilà le mystère. Un Dieu seul peut remporter de tels triomphes et mériter de tels abandons. Ce Jésus, dont la divinité est tous les jours insultée ou niée, la prouve tous les jours, entre mille autres preuves, par ces miracles de désintéressement et de courage qui s'appellent des vocations. Des cœurs jeunes et innocents se donnent à lui pour le récompenser du don qu'il nous a fait de lui-même, et ce sacrifice qui nous crucifie n'est que la réponse de l'amour humain à l'amour d'un Dieu qui s'est fait crucifier pour nous. »

. . . .

Et maintenant fermons ce livre, et pleurons, pleurons encore l'âme qui a rêvé de si belles choses, le cœur qui les a portées en lui, l'intelligence qui les a revêtues d'une forme aussi magnifique. Nous avons montré l'orateur, nous avons montré l'écrivain. Si comme le disait le Père Lacordaire en 1837, la première chose pour un homme est *d'avoir une vie*, à coup sûr ce programme a été dignement rempli par M. de Montalembert.

On nous parlera de ses lacunes. Mais quel homme fut jamais complet? Ont-ils été complets Fénelon et Bossuet, ce dernier pourtant « si admirable par l'équilibre des dons suréminents qui étaient en lui » (M. Foisset). Qui donc s'étonnera que Charles de Montalembert ait eu, lui aussi, ses lacunes?...

Dans cette étude écrite au courant de la plume, l'âme pleine encore d'une triste émotion, au lendemain du jour funèbre où vient de se fermer cette tombe, nous ne pouvons, nous ne devons songer qu'à louer ce grand et cher mort, et c'est surtout à lui que doit, malgré ses défaillances, s'appliquer la sentence latine : *Lauda post mortem.* Qu'on ne soit donc point surpris de ne nous voir commenter ni sa *réponse au dernier manifeste des catholiques allemands*, ni sa dernière lettre qui précéda sa mort de si peu de jours. Il a pris soin lui-même de résumer toute sa vie d'homme politique et de chrétien dans *l'Avenir politique de l'Angleterre*, alors qu'il s'écriait : « *manet immota fides*, » la foi reste inébranlable !

Et d'ailleurs qui peut dire quelle eût été l'attitude de l'homme que nous pleurons aujourd'hui, en présence de l'expression de la volonté conciliaire? Qui peut dire qu'il n'eût point su, au déclin de ses années, courber la tête, celui qui avait su si bien s'humilier au début de sa vie, dans un âge dont l'humilité n'est pas précisément la première vertu? celui enfin qui, le 2 février 1831, dans un écrit resté célèbre, signait avec Lacordaire et d'autres cette solennelle déclaration :

« Si dans les principes que nous professons, il y a quelque chose qui soit contraire à la foi ou à la doctrine catholique, nous supplions le Vicaire de Jésus-Christ de daigner nous en avertir, lui renouvelant la promesse de notre parfaite docilité. A Dieu ne plaise que nous puissions jamais mettre nos sentiments particuliers à la place de la tradition de l'Eglise, dont il est l'interprète souverain ! Ce qui se passe autour de nous, ce vaste chaos d'opinions ne nous avertit que trop combien chaque homme doit se défier de ses lumières si faibles, si bornées.

« Pour nous, la soumission, qui est notre premier devoir comme catholiques, est en quelque sorte notre ÊTRE comme écrivains. Toute parole de révolte dans notre bouche serait le suicide de toutes nos paroles. Car notre premier principe, le principe vital de nos écrits, l'âme de notre intelligence, c'est que la vérité n'est pas un bien qui nous soit propre, et depuis notre doctrine sur la raison jusqu'à notre foi en la chaire éternelle, de toutes parts nous sommes comme enveloppés d'obéissance. Nous *finirons*, avec la grâce de Dieu, comme nous avons commencé. Après que nous aurons traversé des jours pleins d'épreuves et de combats, *lorsque notre dernier soupir aura marqué le terme de nos travaux*, on pourra, *sans être démenti par aucun souvenir de notre vie*, nous en avons l'espérance, on pourra graver sur nos tombes ces mots de Fénelon : O SAINTE ÉGLISE DE ROME, SI JE T'OUBLIE, PUISSÉ-JE M'OUBLIER MOI-MÊME ! »

X.

Laissons donc de côté toutes ces discussions qui ne pourraient qu'être déplacées en présence d'un si grand deuil. Bien plutôt, nous aidant de l'étude si approfondie du regretté rédacteur en chef de *l'Union*, qu'on ne saurait se lasser de lire toutes les fois qu'on parle de M. de Montalembert, complétons ce qui nous reste à faire connaître de ses travaux et de ses études.

« Grand était son savoir; l'anglais et l'allemand lui étaient aussi familiers que le français ; il maniait admirablement les langues italienne, espagnole, polonaise, suédoise; rarement on a vu un moderne traduire la langue latine avec un bonheur d'expression aussi extraordinaire. Il ignorait le repos; infatigable travailleur, jamais il ne prenait de trève: du délassement, il faisait presque malgré lui une occupation, un labeur.

« Suivez-le dans les sites agrestes du Morvan, où s'élève l'antique château de la Roche, au milieu des bois ombreux, à travers les

sentiers sauvages, dans les plaines cultivées ; ayez soin d'égaler ce
pas rapide et ferme qui semble défier l'espace et dévorer le temps :
pas une de ses courses ne sera une promenade inutile, un loisir
agréablement perdu, une de ces concessions au *far niente*, que l'an-
tiquité appelait si bien *spartiari*, se mesurer de l'espace. Non, tan-
dis que le corps marche, l'esprit veille et le devance. La conversation
prendra vite une tournure élevée, historique, artistique ou religieuse.
La vulgarité n'y aura nulle prise, même en ce qui est des incidents de la
vie réelle, des babillages de chaque jour, des anecdotes de cette « petite
ville » d'élite qu'on nomme la « société européenne, » de ce « grand
monde » qui a, lui aussi, ses passions, ses misères, ses scandales à
côté de ses grands souvenirs, de ses hautes traditions, de ses nobles
façons et de ses beaux caractères. M. de Montalembert s'en amusera
un moment avec une gaîté pleine de franchise et de malice, mais
pour se reporter promptement à des vues supérieures, à des raisons
d'état, de religion et d'avenir. En cela, il tient de Saint-Simon, mais
par les bons côtés, mais sans la fierté insupportable, sans le dénigre-
ment passionné et acariâtre, sans le fiel souvent ennuyeux du duc
et pair.

« Du reste, l'échange des idées et des paroles ne demeurera pas
longtemps sur ce facile terrain, trop étroit et trop rapidement parcouru. On montera dans les régions plus sereines de l'art et de la
science ; on s'avancera vers les horizons plus chargés d'orages, de
foudres et de nuées de la politique contemporaine. Ce sont alors des
aperçus d'une rare élégance et d'une lumière vive et claire, ce sont
des récits admirables d'entrain, de verve ; ce sont des épanchements
profonds de regrets et d'espérance. »

Plus loin, M. de Riancey nous le montre travaillant jusque dans
ses voyages, malgré la maladie, malgré la douleur : en Italie, en
Suisse, en Savoie, partout ; ses amis en gémissent profondément. Lui
seul ne s'aperçoit pas que se reposer ainsi, c'est encore aggraver sa
souffrance. Il est magnifique, le tableau que l'écrivain que nous
citons nous trace d'une de ces nuits données au travail, après avoir
voué sa journée à des excursions archéologiques souvent pénibles :

« Voyez-vous, à Evian, cette fenêtre d'hôtellerie qui s'illumine alors que tout repose aux alentours, que les bois gardent le silence profond des nuits d'été et que la nature endormie semble respecter elle-même le sommeil de l'humanité. A la lueur de la lampe laborieuse, l'écrivain veille, sa main feuillette encore les longues pages des vieux livres, où sous la cendre du passé couve le feu de l'inspiration et de la foi. Durant le jour, il a cédé quelques heures aux soins de la médecine, il en a accordé quelques autres aux entretiens avec les baigneurs illustres qu'amène et que retient l'espoir de la guérison ; il a parcouru les cités voisines, visité une abbaye antique, vénéré un sanctuaire célèbre. Il veut reconquérir le temps, le temps irréparable, et il prolonge avec une fiévreuse ardeur, dans les espaces de la nuit, ses trop chères études.

« Arrêtez-vous, arrêtez-vous, ô annaliste, ô poète, ô orateur! arrêtez-vous ! vous épuisez la force de votre âme ; respectez cette flamme! ménagez-lui l'aliment et la durée! elle ne vous appartient pas, vous en devez compte à Dieu, à l'Église et à la France! »

Un dernier coup de pinceau du même maître achève cette si remarquable esquisse :

« ..... Ce qu'il lit est prodigieux et n'a guère d'égal que ce qu'il écrit. Pas un des ouvrages importants et nouveaux ne lui échappe, et tout en lisant sans cesse les anciens et les maîtres, il trouve le temps de demeurer au courant de tous les journaux, de toutes les revues, non seulement de notre pays, mais de l'étranger. Et ne croyez pas que ce soit une lecture rapide, distraite, légère. Non, il ne parcourt pas, il ne lit pas « du pouce et de l'œil, » comme le disait un homme d'État très-affairé, dont le doigt faisait couler rapidement les pages qu'interrogeait son regard plus rapide encore. Non, M. de Montalembert lit, un crayon rouge à la main, marquant chaque passage de signes caractéristiques dont il a la clef, et notant d'un mot, d'une main indicatrice les endroits à revoir.

De plus, il garde tout, en fait de livres; il collectionne, avec un soin merveilleux, les fragments de journaux, de brochures, de publications qui le frappent. Plusieurs vastes volumes sont consacrés à ces extraits qui, à l'aide de sa mémoire surprenante et d'un agenda incessamment annoté et consulté, lui composent de vrais arsenaux de guerre et de controverse. Sous sa plume ou dans sa bouche, les citations toujours irréprochables sont terribles, par le temps de palinodies qui court surtout. Témoin cette justice écrasante qu'il fit un jour de M. Victor Hugo, en rappelant au néophyte de la démocratie la date et l'heure de sa fameuse apostrophe à Louis-Philippe : « Sire, Dieu et la France ont besoin de vous ! »

« Mais l'activité de sa plume dépasse encore celle de ses yeux, et, je le dirai presque, celle de sa pensée.

« Quand il compose, soit un livre, soit une brochure, soit un discours, sur la feuille pliée à demi-marge, l'écriture court, pressée par l'inspiration. Mais une première, une seconde, une dixième lecture les surchargent de ratures, de notes, de changements; tantôt le crayon, tantôt l'encre rouge, tantôt l'encre bleue émaillent la page de leurs linéaments croisés et entrecroisés. C'est le travail du tisserand infatigable qui passe, l'un après l'autre, l'un sur l'autre, les fils merveilleusement nuancés de ces œuvres qui rivaliseront avec la peinture et en immortaliseront les chefs-d'œuvre. Ici la conscience assouplit le talent et maîtrise jusqu'aux élans du génie.

« Impossible de compter le nombre des lettres qu'il écrit. Son commerce épistolaire va au bout du monde; sa renommée cosmopolite, son affabilité, sa grâce d'accueil, lui attirent des visiteurs et lui conservent des correspondants sous toutes les latitudes. Il s'entretient avec eux dans leur langue maternelle, pour la plupart, et toujours il laisse aller l'admirable abondance de ses idées, l'incomparable vivacité de son style. Sa fine plume de corbeau, trempée dans une encre choisie, vole sur le papier et trace, en caractères larges et arrondis, des lignes d'une rapidité qui devance l'éclair. Les pages se couvrent, les marges aussi; quelquefois l'enveloppe même. Presque jamais de secrétaire, presque toujours la main, *propria, ipsissima,* puis l'ample signature et le cachet délicatement posé, le cachet d'une gravure ravissante, chef-d'œuvre de goût artistique et historique tout ensemble, avec les armes, la couronne, le manteau de pair et la devise..... »

XI.

Un écrivain qui occupe dans la presse militante une des places les plus importantes vient, en apprenant la mort de celui qui avait été son premier guide dans la vie littéraire, de tracer à la hâte sur cet homme illustre quelques notes, souvenirs intimes qui trouvent naturellement ici leur place. Lui aussi fait un portrait de M. de Montalembert ; il n'est pas inutile de le mettre en regard du précédent :

« Il était d'assez haute taille, bien fait de sa personne, simple et distingué dans sa mise. Il portait les cheveux longs et tombant sur ses épaules. L'expression de son visage était douce et fière à la fois. Il avait l'allure d'un parfait gentilhomme.....

« A première vue, on ne pouvait distinguer si l'orgueil ou l'humilité dominait en lui. On ne savait s'il fallait lui parler comme à un homme qui se sait grand, ou si la flatterie allait lui déplaire. Il n'aimait pas, du reste, les compliments. La propre estime de soi lui suffisait. « Je suis le premier de ma race qui ait tenu la plume ; mes pères ont manié l'épée, » a-t-il écrit dans sa préface des *Moines d'Occident.*

« A certains hommes, le souvenir de l'éducation reçue, le respect de la tradition de famille, donnent un caractère de véritable grandeur. M. de Montalembert était de ces hommes-là.

« Son accueil était d'abord fort réservé. Mais dès qu'on abordait un de ses sujets d'étude, M. de Montalembert se transformait. Il semblait que de cet homme doux et simple, jaillissait un autre homme. Il devenait abondant, passionné. Son éloquence naturelle prenait un libre cours. Puis il descendait petit à petit de ces sommets, et insensiblement revenait au ton calme du début.

« Quand on prenait congé de lui, on n'avait plus devant soi un grand écrivain, un orateur éminent, mais un frère en Jésus-Christ, qui saluait en égal le plus humble de ses serviteurs.

« Il avait l'esprit libre, la conversation vaste et nourrie. Il connaissait à fond l'Allemagne et l'Amérique, dont il suivait attentivement les mouvements. Bunsen et Browson étaient ses deux auteurs favoris.

« Il avait la foi vivante, mais surtout militante. C'était à la fois son esprit et son cœur qu'il vouait aux doctrines religieuses et libérales qu'il soutenait....

« Il était bon, foncièrement bon, car personne ne s'est plus occupé que lui de découvrir dans leur germe les talents réels. Personne n'a fait à la jeunesse un plus sympathique accueil. Savant, érudit, ingénieux, fécond, il eût *dû* logiquement être égoïste, et tout au contraire il s'employait beaucoup, non-seulement à montrer la bonne route aux jeunes, mais encore à la leur ouvrir...

« Thiers a raconté brillamment ce qu'il a vu ; Berryer, aidé de sa merveilleuse mémoire, s'est inspiré de Bossuet et de Cicéron, dont il savait réciter, en français et en latin, des discours entiers : Montalembert, qu'on peut comparer à ces deux illustres contemporains, a procédé autrement.

« Son système consistait à appliquer l'idée catholique à la civilisation moderne qu'il connaissait à fond. Il savait aussi bien les mœurs du Japon que celles de l'Amérique et de l'Allemagne, et sa conversation fourmillait de tels détails qu'on eût pu croire qu'il lisait chaque matin les journaux des pays les plus divers.

« Jamais il ne parlait des Grecs et des Romains, ni du dix-septième siècle. Ce qu'il tenait à bien faire voir, c'est que notre époque n'avait pas pour lui de mystères.

« Il aimait à faire des rapprochements entre les sociétés politiques de toutes les races et de toutes les latitudes, prises à l'état présent. Pour lui, il n'y avait pas d'étrangers....

« Son salon de la rue du Bac était le véritable bureau de rédaction du *Correspondant*. Autour de la cheminée, se rangeaient les amis et les alliés.

« M. de Montalembert s'asseyait à gauche de la cheminée, dans un grand fauteuil. En face de lui se tenait M. de Falloux, ayant pour voisin M. Augustin Cochin. Le prince Albert de Broglie se rapprochait davantage du maître de la maison. MM. Georges Seigneur, Henri et Charles de Lacombe, Paul Andral, complétaient l'hémicycle. M. de Pontmartin se plaçait n'importe où, hors du cercle, et le plus souvent sur le coffre à bois.

« Alors la conversation s'engageait entre MM. de Falloux et de Montalembert. Le dialogue était animé, vif, ardent d'un côté, plein de finesses, de réticences, d'allusions de l'autre....

« M. de Pontmartin pointait le dialogue de mots malins, prononcés de cette petite voix de clochette qui leur donnait un charme particulier. Il empêchait la conférence de devenir solennelle. Il interrompait le discours commencé en ramenant les deux champions au ton de la conversation.

« M. de Montalembert excellait à raconter dans ces réunions les dernières séances de la chambre.... »

Nous avons dit et montré déjà, quelle mordante vivacité, quelle finesse il avait dans l'esprit. Deux mots viendront encore à l'appui de cette assertion.

Alors qu'il était pair de France, il disait à ses amis :

« Il y a ici deux opinions bien tranchées : celle de la Chambre et celle... des couloirs. La dernière est la véritable ! »

Quelque temps après 1852, il assistait à un banquet donné dans le Doubs, en son honneur, et comme certaines personnes, des ecclésiastiques, des fonctionnaires, semblaient craindre de rencontrer quelques allusions politiques dans le discours qu'il se préparait à prononcer: « Rassurez-vous, dit-il, je ne parlerai pas du présent. » Et il but à Vercingétorix, l'indomptable adversaire de César, le héros de la liberté expirante des Gaules !.....

XII.

Racontons maintenant les derniers jours, les dernières heures de M. le comte de Montalembert.

L'illustre malade souffrait, depuis quatre ans déjà, d'un abcès au côté droit. Il avait subi plusieurs opérations douloureuses ; celle de l'an dernier, notamment, parut apaiser ses souffrances et calma, pour quelque temps, les inquiétudes de sa famille et de ses nombreux amis. Mais le mal ne tarda pas à se réveiller plus cruel et plus implacable que jamais. Les chirurgiens étaient obligés de sonder chaque jour la plaie béante et de l'ouvrir en tous sens, pour extirper le foyer de décomposition qui s'y était établi.

Depuis son retour du château de la Roche (Côte-d'Or), où il était allé, comme chaque année, passer la saison du beau temps, le grand académicien semblait avoir acquis de nouvelles forces, et rien ne faisait pressentir un événement aussi douloureux.

Le mal n'était certainement pas vaincu, mais il était endormi et laissait espérer. Depuis huit jours, les crises étaient moins fortes, et M. Nélaton prévoyait déjà sinon un retour à la santé, du moins une diminution notable de souffrances.

M. de Montalembert avait pu reprendre ses importants travaux, l'*Histoire des Moines d'Occident*. Il lisait tous les journaux et donnait de nombreuses audiences.

Cependant, le comte ne pouvait encore quitter son hôtel de la rue du Bac, 40 ; une fois seulement depuis son retour, — c'était au mois de février, — il se rendit à pied à Saint-Thomas-d'Aquin pour entendre la messe ; mais ses douleurs l'obligèrent à quitter l'église avant la fin de l'office. Cette sortie le fatigua pendant quelques jours, sans néanmoins inspirer d'inquiétude.

Le comte de Montalembert travailla jusqu'à sa dernière heure. Sa vie était réglée pour le travail.

Le matin, on lui montait les journaux et les lettres arrivés pour lui par le courrier, il les trouvait à son réveil, et occupait à lire cette correspondance, toujours très-nombreuse, les premières heures de la journée.

A deux heures, après avoir déjeuné dans son lit, d'une côtelette, ou plus souvent d'une simple tasse de bouillon, le malade se levait et se rendait dans sa bibliothèque où l'attendait M. Camus, son secrétaire.

La bibliothèque du grand académicien est une des plus curieuses que l'on connaisse. Elle renferme de nombreux volumes, rares et précieux, auxquels les annotations de M. de Montalembert ajoutent une valeur inappréciable.

Le comte dînait à sept heures, seul généralement, et le soir, il recevait toujours dans sa bibliothèque les membres de sa famille et ses amis, jusqu'à près de minuit.

Un ami visitant Montalembert il y a quelques semaines, lui disait au cours d'une conversation politique :

— Quel malheur, mon cher comte, que votre santé vous interdise de rentrer dans la vie militante ! En ce moment-ci, vous auriez certainement été ministre !

— Eh ! mon ami, répondit en souriant l'ancien pair de France, avec une vivacité charmante, que parlez-vous d'être ministre à un pauvre homme qui vient d'être administré !...

Rien ne faisait donc prévoir une fin aussi prochaine. L'illustre malade s'était levé la veille à une heure de l'après-midi, selon son habitude, et il avait passé la journée dans sa bibliothèque.

Le soir, de cinq à sept heures, il avait reçu comme d'ordinaire quelques amis, et il avait causé avec eux sans fatigue et sans se plaindre un seul instant.

Une lettre du ministère des affaires étrangères étant arrivée à l'hôtel vers huit heures, le concierge l'avait aussitôt montée, et avait trouvé le comte de Montalembert en train de travailler dans sa bibliothèque.

A onze heures, le comte s'était couché, et de l'avis de la sœur Marie-Antoinette, qui le veillait, il avait passé une nuit assez calme.

Le matin à huit heures, la sœur Marie-Antoinette en revenant de la messe, le trouva éveillé. Il se sentait bien et demanda à déjeuner. Quelques instants après, portant brusquement la main à sa poitrine, il s'écria : Ah ! mon Dieu que je souffre ! vite un prêtre, un médecin !

Voyant la figure devenue tout à coup livide, le regard trouble, la parole à peine perceptible, la bonne sœur n'eut que le temps de s'écrier en tombant à genoux : « Oh ! monsieur le comte, disons ensemble un acte de contrition ! — Pardon, mon Dieu ! » répéta deux fois, avec un inimitable accent d'humilité et de tendresse, ce grand et ferme chrétien ; puis il inclina la tête vers le crucifix placé entre ses mains et tomba dans l'assoupissement avant-coureur de l'éternité (1). »

Le concierge qui entrait en ce moment redescendit aussitôt et courut chercher le curé de Saint-Thomas-d'Aquin, qu'il ramena presque immédiatement.

Lorsque le prêtre pénétra dans la chambre du malade, le comte de Montalembert respirait encore, mais il lui était impossible de parler, et il avait complétement perdu connaissance, quand on lui administra les derniers sacrements.

Quelques minutes après, à huit heures et demie, il rendait le dernier soupir dans les bras de sa femme et de ses enfants, accourus en toute hâte à son chevet.

Dieu lui devait bien cette mort prompte, après des tortures supportées avec une aussi héroïque douceur. Rien ne peut, en effet, donner une idée de la résignation indulgente avec laquelle il accueillait plutôt qu'il ne paraissait subir les aiguillons de la douleur. Il était affectueux et souriant à tous, au plus humble de ses domestiques comme au plus éminent de ses amis.

« Nous sommes allés, écrivait le lendemain le *reporter* d'une feuille parisienne, visiter la maison mortuaire ; tout y respirait, à côté du deuil et de la tristesse, comme un parfum de pieuse confiance et de religieux espoir. Après quelques secondes d'attente dans une antichambre décorée avec une sévère simplicité, M. le comte de Mérode nous a fait introduire dans la chambre où son beau-frère avait rendu le dernier soupir. C'est presque une cellule d'anachorète. Rien qui sente le luxe ou même le confortable ;

(1) *Le Correspondant*, — 25 mars.

un lit de fer, une bibliothèque en bois de chêne, un petit canapé recouvert d'une modeste housse blanche, deux ou trois chaises rembourrées, une table sur laquelle brûlaient cinq ou six bougies : tel était l'unique ameublement de la chambre que M. de Montalembert n'avait presque pas quittée depuis quatre ans.

« Deux sœurs de charité, dont l'une, la sœur Marie-Antoinette, veillait le malade depuis plusieurs mois, étaient agenouillées au pied du lit et priaient. Un mouvement bien naturel d'émotion et de respect nous a fait, à leur exemple, plier les genoux. C'est qu'aussi il est difficile de contempler la mort dans une expression plus calme et plus majestueuse. Rien ne rappelle, sur les traits paisibles et comme reposés du défunt, les traces de la maladie ; ils éveillent plutôt l'idée d'un sommeil calme et régulier. Les cheveux, d'un blanc argenté, sont collés sur les tempes ; une longue mèche à la Bourbon descend sur le front qui n'est sillonné d'aucune ride ; les lèvres semblent s'entr'ouvrir comme pour un dernier sourire, et les mains qui tiennent un crucifix se croiser sur la poitrine comme pour une dernière prière ; l'âme, en s'envolant, a laissé sur sa physionomie comme un reflet de sa bienveillance inaltérable et de sa sérénité. »

Au début de ce travail, nous avons signalé l'affluence des illustrations politiques et littéraires qui vinrent apporter à la famille l'expression de leurs sentiments de condoléances et de respectueuses sympathies. Citons, au hasard, parmi les noms de tous les mondes :

MM. Daru, Prévost-Paradol, Victor de Laprade, général Changarnier, Cochin, Edouard Hervé, père Gratry, Arthur Loth, d'Haussonville, comte et comtesse de Beaufort, duc et duchesse de Galiera, comte et comtesse de Rocheplate, Jordan de Sury, marquis et marquise de Larochejaquelein, baron Benoist d'Azy, comte de Germiny, Gustave Janicot, Adolphe Fould, marquis de Talhouët, de Carné, prince et princesse Galitzin, comte du Châtel, marquis de Castellane, duc et duchesse de la Trémouille, comte et comtesse de Ségur, comte et comtesse de Clermont-Tonnerre, etc. etc.

M. Pierre Petit, photographe, fut autorisé dans la journée à reproduire les traits de l'illustre mort. Un dessinateur et un modeleur furent également mandés. Tâche douloureuse, mais nécessaire, que celle de conserver à la France les traits d'un des plus illustres de ses enfants !

M. de Montalembert n'était âgé que de soixante ans. Il laisse une veuve et quatre filles, dont l'aînée est religieuse au couvent du Sacré-Cœur. La seconde, Mlle Elisabeth, a épousé, il y a dix ans, le vicomte de Meaux, et habite le château de Montbrison. Les deux autres habitaient avec leur père. La dernière, il l'avait voulu nommer Généreuse, en souvenir, disait-il, de sainte Généreuse, jeune romaine martyrisée pour n'avoir pas voulu sacrifier à la fortune de César !.....

Le mercredi, 16 mars, eurent lieu les obsèques de l'illustre défunt. Une foule considérable se pressait dès neuf heures aux abords de la maison mortuaire. Le char funèbre se mit en marche à dix heures. Le deuil était conduit par MM. de Mérode, marquis de Vignaucourt, beaux-frères du défunt, le comte de Meaux, son gendre, de Mérode, de Montalembert, ses neveux, et le marquis de Montalembert, son cousin, etc. Les cordons du poële étaient tenus par MM. Daru, ministre des affaires étrangères, Cochin et deux membres de l'Institut.

Derrière le cercueil, marchaient une députation de l'Institut, tous les professeurs et élèves de l'École polonaise, fondée par le défunt.

Venaient ensuite ses amis, suivis d'une foule immense, comprenant toutes les illustrations du monde politique, religieux, littéraire, artistique de Paris. Le cortége funèbre se dirigea vers l'église Sainte-Clotilde. Après la messe, l'absoute fut donnée par Mgr Surat, premier vicaire général du diocèse de Paris.

Le cortége se dirigea ensuite vers le cimetière de Picpus.

C'est là que reposent maintenant les restes de celui qui fut le Comte de Montalembert ; son âme est devant son créateur !

XIII.

Encore quelques lignes et nous aurons achevé cette tâche douloureuse, pour l'accomplissement de laquelle il aurait fallu une autre
plume que la nôtre. La presse catholique a été unanime, malgré
les divergences qui avaient pu exister entre certains organes et
le comte, à honorer, comme elle le méritait, la mémoire du grand
défunt.

« En présence de cette tombe qui s'ouvre, dit un écrivain bien
connu, M. Poujoulat, collaborateur de l'*Union*, nous ne pouvons
songer à rien de ce qui nous a divisés ; nous ne voulons nous souvenir que des services anciens et glorieux rendus à la cause catholique par le pair de France, le représentant et l'écrivain. Nul ne
combattit avec plus de vigueur et d'éclat que M. de Montalembert
pour la liberté de l'enseignement, pour la cause catholique et les
grands intérêts de la société. Il conquit de bonne heure la renommée
au service de l'Eglise ; l'immortelle beauté de la cause religieuse
porta bonheur à son talent, et nous le vîmes marcher dans une force
toujours croissante.....

« Nous nous rappelons ses grands jours à l'Assemblée nationale,
défendant les droits du Saint-Siége contre l'acharnement de la Révolution, et la destinée de la civilisation elle-même contre le flot
montant de la barbarie. Tous les cœurs catholiques vibraient en
harmonie avec le sien : Pie IX le félicitait de ses harangues et le
bénissait avec amour. Quand la tribune se ferma pour M. de Montalembert, malgré ses efforts pour y remonter, il reprit sa plume brillante, et de sa studieuse retraite sont sortis les *Moines d'Occident*,
beau et grand livre d'une érudition habilement fondue, d'un charme
soutenu, d'un style nerveux et coloré, d'une poésie qui s'échappe
du récit comme d'une source naturelle.

« Les années n'avaient pas refroidi l'âme et l'imagination de
l'écrivain, et, même depuis que la souffrance le tenait enchaîné, sa
verve éclatait dans une sorte de jeunesse toujours renouvelée. La
mort l'a frappé en pleine maturité de la vie. Il ne l'a pas vue venir,

mais il l'attendait avec la résignation et la foi du chrétien. M. de Montalembert s'est présenté devant Dieu avec de beaux services : la paix du ciel aura été le prix de ses combats religieux sur la terre.»

L'*Univers* dit, sous la signature de M. Eugène Veuillot :

« Le comte de Montalembert a été le fondateur du parti catholique, il a soutenu longtemps l'*Univers*, et nous sommes entrés à sa suite dans les voies où nous voulons rester toujours et dont personne, pas même lui, n'a pu nous faire dévier un instant. Ses années militantes, ses œuvres fécondes et bénies, nous les avons eues ; sa gloire, c'est sous le drapeau où nous sommes encore qu'il l'a conquise.

« Sans doute, M. de Montalembert s'est montré plus tard et longtemps, — jusqu'à son dernier jour, — hostile à notre œuvre et même à nos personnes. Nous ne l'avons pas ignoré et nous ne l'avons pas caché. Mais les nécessités de la défense, les amertumes de la lutte n'ont jamais effacé chez nous les bons souvenirs. »

De Rome même, M. Louis Veuillot écrit :

« On a appris hier soir la mort de M. de Montalembert. Avec quelle douleur, avec quelle stupeur ! Je ne sais s'il est un évêque, un prêtre dans Rome qui n'ait offert ce matin le saint sacrifice pour ce grand serviteur de l'Eglise, tombé dans un moment d'ombre funeste. Taisons-nous. C'est la plus cruelle situation où son inimitié nous ait pu réduire, de n'avoir point la consolation de le louer et de le pleurer comme il l'a tant mérité. Mais cette nécessité d'aujourd'hui ne nous défend ni le respect, ni le bon souvenir, ni la prière, ni l'espoir ; et nous lui rendrons témoignage un jour, comme il nous rend témoignage à présent. »

D'autres correspondants de Rome signalent l'impression douloureuse éprouvée dans la capitale du monde chrétien à la nouvelle de la mort d'un homme qui avait rendu à la religion tant de services :

« Je n'aurais pas besoin de le dire : la nouvelle de la mort de M. de Montalembert a causé une impression douloureuse et profonde. Mgr de Mérode, son beau-frère, a reçu vers une heure après midi un télégramme annonçant qu'après une courte agonie, il avait rendu l'esprit. Deux heures plus tard, Sa Sainteté, donnant une audience publique, prononça quelques paroles relatives à l'événement. Le juge et le père fit allusion, à la fois, et aux grands services rendus et au dernier écrit de l'illustre orateur. »

Mais, dans l'âme de ce père miséricordieux, c'étaient les services qui devaient parler le plus haut. Le vendredi 28 mars, en effet, le *Journal de Rome* publiait la note suivante :

« Sa Sainteté, en mémoire des services rendus au Saint-Siége par le comte de Montalembert, a voulu qu'un service funèbre fut célébré pour le repos de son âme, dans l'église de Sainte-Marie-Transpontine.

« La cérémonie a eu lieu ce matin, à dix heures, et Sa Sainteté y a assisté dans une tribune. La messe de *Requiem* a été célébrée par Mgr Alberani, évêque d'Ascoli, qui a donné l'absoute. »

Un autre correspondant raconte encore, et c'est par là que nous voulons terminer : « Je me trouvais chez un évêque de ses admirateurs et amis d'autrefois. Frappé comme par la foudre, le vénérable prélat s'est renversé dans un fauteuil ; il paraissait abîmé de douleur. Ayant repris ses sens, il me dit : Prions, mon ami, et adorons les éternels décrets de la Providence. »

C'est par la prière que doivent finir toutes les choses humaines. Les immenses services rendus à l'Église par M. de Montalembert sont présents à la mémoire de tous. Prions ! Dieu seul sonde les cœurs et les reins.

En présence de catastrophes du genre de celle qui vient de fondre sur nous, nous n'ayons, nous chrétiens, qu'un seul refuge, une seule consolation :

La Prière !

Lyon, le 25 mars 1870. — (*Jour de l'Annonciation*).

Impr. Ve Chanoine, Lyon.

www.ingramcontent.com/pod-product-compliance
Ingram Content Group UK Ltd.
Pitfield, Milton Keynes, MK11 3LW, UK
UKHW022233080726
13614UKWH00007B/1381